¡¡¡Excelente!!!

— La 3ra Edición —

Ayako Shiba
Hideto Nishimura
Hiroyuki Mito
Yumi Watanabe

JN087007

Editorial ASAHI

PAÍSES
HISPANOHABLANTES

ESTA

Tijuana • • Mexicali

Ciudad Juárez •

Chihuahua •

P. de la Baja California

Río Grande

Mor

MÉX

Guadalajara •

Ciu
de
Pop

Acapulco •

ISLAS CANARIAS

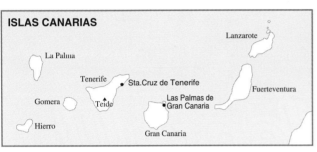

Lanzarote

La Palma

Tenerife • Sta.Cruz de Tenerife

Gomera • Teide ▲

Hierro

Fuerteventura

Las Palmas de
Gran Canaria

Gran Canaria

ESPAÑA

Mar Cantábrico

FRANCIA

Gijón •
La Coruña • Santander • Guernica • San Sebastián
Santiago Oviedo • **CANTABRIA** • Bilbao
de Compostela • Lugo **ASTURIAS** **PAÍS VASCO** **ANDORRA**
C.Finisterre **GALICIA** Vitoria • Pamplona •
Pontevedra • León • **NAVARRA** Jaca • Figueras •
Vigo • Orense • Astorga • Burgos • Logroño • Huesca • Gerona •
Miño Palencia • **LA RIOJA** **CATALUÑA** *Costa Brava*
CASTILLA-LEÓN Soria • Zaragoza • Lérida •
Zamora • *Duero* *Ebro* Barcelona •
Oporto • Valladolid • **ARAGÓN** Tarragona •
Douro Medina del Campo • Tortosa •
Salamanca • Segovia • Teruel • Mallorca
Coimbra • Ávila • Guadalajara • Menorca
PORTUGAL **MADRID** • Alcalá de Henares • Castellón de la Plana • Palma •
Talavera de la Reina • Madrid • Cuenca • **ISLAS BALEARES**
Tejo *Tajo* Aranjuez • **VALENCIA** Ibiza
C.da Roca Toledo • Valencia •
Lisboa • Cáceres • **CASTILLA-LA MANCHA** *Júcar* Formentera
EXTREMADURA Alcázar de San Juan •
Mérida • Ciudad Real • Albacete •
Évora • *Guadiana* *Segura* Alicante •
Mar Mediterráneo Elche • *Costa Blanca*
Córdoba • *Guadalquivir* Murcia •
Huelva • Jaén • **MURCIA** Cartagena •
Sevilla • **ANDALUCÍA**
Granada •
Málaga • Mulhacén ▲ Almería •
Cádiz • *Costa del Sol*
Algeciras • Gibraltar
Estrecho de Gibraltar → Ceuta •
Océano Atlántico **ARGELIA**
Melilla •
MARRUECOS

まえがき

　本テキストは、2008年に出版された『初級スペイン語教本エクセレンテ！』の三訂版です。大学の基礎科目の語学学習で使用することを目的とし、文系から理系まで多様な専攻の受講生に対し、週2回×３０週の１年間の授業で、接続法過去までの初級文法をマスターできるように工夫された教科書です。

　当初の『エクセレンテ』は、スペイン語の文法をくまなく体系的に扱いながら、主にスペイン語が「読める」ようになることを目的として書かれました。今回の三訂では、初級の段階で最低限必要な文法の骨子を残しながら、「読む」だけではなく、「話す、書く」と言った言語の産出の面にも力を入れて全体を構成しました。特に、自ら「話す」ことで相手とコミュニケーションをとることは、言語学習の最大の楽しみの一つでもあります。この「話す」ことの基礎的な能力を養うために、初級のごく簡単なフレーズだけを用いた会話を各課に用意しました。さらにこうした小さな会話でも、内容の一部を入れ替えて様々な会話に発展させることができることを示しました。このように、本書は「文法の面白さ」と「会話の楽しさ」の両方を体感してもらえるように構成してあります。

　次のページには、こうした会話練習を行うための手順を簡単に示しました。ぜひ参考にしてください。また、巻末には動詞活用表も掲載してあります。これは、近年電子辞書を使用する学生が多くなり、以前のように辞書巻末の活用表を見る機会が少なくなっていることに配慮したものです。

　最後に、改訂にあたって例文や文法項目について様々な助言をお寄せくださった先生方、スペイン語圏の留学生たち、長時間の録音を担当された方々、そして煩雑な編集作業を忍耐強く進めてくださった朝日出版社の山中亮子氏に、心よりお礼申し上げます。

　新しい言語を学ぶことは新しい世界の認識の仕方を知ることです。グローバル化し、多様化する社会の中で生きて行くみなさんが、スペイン語の学習を通して新しい世界の見方を感じ、視野を広げていってくれればと願っています。

2021 年

執筆者代表　志波彩子

会話練習の手順（教員向け）

　会話練習とは、文字を見ながら声に出す「音読」ではなく、文字を見ずに相手と音声情報だけでやりとりする練習です。このため、文法説明を終えて例文を訳した段階ですぐにできるものではありません。また、「書く」ことと「話す」ことも別の能力ですので、会話練習のためには事前によく口を動かして練習し、会話に出てくる表現に十分に慣れていることが必要です。

　例えば、vivir を学習する課で、次のような会話練習をするとします。

José	:	¿Dónde vives?
María	:	Vivo en Tokio.
José	:	¿Eres estudiante?
María	:	Sí, soy estudiante.

　この練習を、文字を見ずに、スムーズに行うためには、以下のようなステップが必要です。いずれも、基本的に最初は全員で、次に一人ずつに当てて、最後にもう一度全員で、という段階を踏んで練習します。

1) **動詞の意味の学習**：この課では、vivir の他に tomar, comer, aprender などを学習しますが、こうした「動作」を表す写真や絵カードがあると便利です。動作の絵カードを見て、「tomar」と言えるように練習します。

2) **動詞の活用練習**：動詞の活用は、活用表の順番通りに口頭合唱で練習したあと、人称の順番を入れ替えて練習します。教師が「tú」と指示して学生が「vives」,「教師 vosotros → 学生 vivís」「yo → vivo」...,と答える練習を最初は全員で、次に一人ずつやってください。

3) **フレーズの練習**：動詞のみをスムーズに言えるようになったら、¿dónde ～? のフレーズを練習します。上と同じで教師が「ustedes」と指示して学生が「¿dónde viven?」,「教師 vosotros → 学生 ¿dónde vivís?」,「tú → ¿dónde vives?」と答える練習です。そして、その答えとなる「vivo／vivimos en ～」も全員で練習します。

4) **チェーン練習**：次に、教師が学生Aにこの疑問文（¿dónde vives?）を尋ねて学生Aが答えを言います。その同じ学生Aに、今度は学生Bに質問するように指示し、答えた学生Bはまた別の学生Cに同じ疑問文を尋ね、チェーンのように「疑問→答え・疑問→答え・疑問…」を練習します（教師「¿Dónde vives, Ken?」→ Ken「Vivo en Nagoya. ¿Y tú dónde vives, Taro?」→ Taro「Vivo en Toyota. ¿Y tú dónde vives, Mari?」...）。

5) **会話の流れの全員合唱練習**：この課の学習項目である動詞のパターン練習が一通り終わったら、次にこの会話自体の練習を全員でやります。意味を理解したあとに、全員

で、最初は文字を見て合唱します。次に、文字を見ずに、全員で会話を言ってみます。このとき、先生は何もヒントを与えなくてもかまいませんが、「どこに住んでるの？」のように日本語でヒントを出してもかまいません。

6) **半分に分けての合唱練習**：次に、全体を大きく二つに分け、右半分の学生が José，左半分の学生が María のパートを発話します。次に逆にして全体でやります。最後にもう一度クラス全員で全ての会話を合唱して確認します。先生は右手と左手を順番に挙げて、学生が一斉に発話できるように工夫してください。

7) **ペア練習**：以上を終えてから、ペアに分かれて練習します。先生は机間巡視して、会話ができているかどうか、チェックしてください。

8) **発表**：ペア練習が終わったら、何組かのペアに全員の前で発表してもらいます。これも大変重要なステップですのでぜひやってください。このとき、上手で余裕がありそうなペアには、さらに先生が既習の文法を使って続きの会話を尋ねるなどして会話を広げても面白いでしょう（「¿Cómo es la ciudad de Nagoya?」など）。発表してくれたペアには全員で拍手を送ります。

9) **最後に全員合唱**：最後にもう一度全員で会話を合唱します。これにより、ペアで練習した会話をきちんと記憶に残すことができます。

　上のようにきちんと段階を踏んだ練習ができていると、かなりスムーズに会話練習ができますが、すでに学生が十分に発話に慣れていると判断できるときや、時間が限られているときは、いくつかのステップを省いてもかまいません。大事なのは、ペアに分かれたときに、学生が文字を目で追わないようにすることです。会話を忘れてしまったら、もちろん文字を見て確認して構わないのですが、確認したら目をあげて相手を見て会話するように、十分な指示を出してください。

目次　(ÍNDICE)

装丁　　ー　　森田幸子

イラスト　　ー　　藤井美智子

写真提供　　ー　　志波彩子、渡辺有美、Shutterstock

音声はこちらから

https://text.asahipress.com/free/spanish/excelente3ra/index.html

Lección 1

文字と発音・母音・子音・音節の分け方・アクセント

1-2 1 文字と発音 letras y pronunciación

アルファベット **abecedario**（カッコ内は文字の名称）

A a (a)	B b (be)	C c (ce)	D d (de)	E e (e)
F f (efe)	G g (ge)	H h (hache)	I i (i)	J j (jota)
K k (ka)	L l (ele)	M m (eme)	N n (ene)	Ñ ñ (eñe)
O o (o)	P p (pe)	Q q (cu)	R r (erre)	S s (ese)
T t (te)	U u (u)	V v (uve)	W w (uve doble)	
X x (equis)	Y y (ye)*	Z z (zeta)		

＊ i griega と呼ばれることもある。

✎**EJ1** 自分の名前を abecedario で書き、読めるように練習しよう。
✎**EJ2** 隣の人に名前を abecedario で言ってもらい、書き取ってみよう。

1-3 2 母音 vocal

① 単母音：A　E　I　O　U

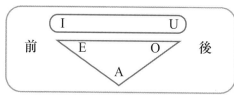

強母音 vocal fuerte：A, E, O
弱母音 vocal débil：I, U

母音の三角形 (triángulo vocálico)

強母音 A, E, O は、弱母音 I, U よりも口が開き、響きが強い。スペイン語の母音は日本語の発音とほぼ同じだが、U の発音だけは異なり、口をすぼめる。

② 二重母音 diptongo

¡OjO!　二重母音を理解することはスペイン語のアクセント位置を知る上でとても重要！

弱母音＋強母音 、 強母音＋弱母音 、 弱母音＋弱母音 の組み合わせを二重母音と呼ぶ。
二重母音は 1 つの母音相当として扱われ、強母音にアクセントが置かれる[1]。

弱母音＋強母音		強母音＋弱母音		弱母音＋弱母音	
diez	10	veinte	20	ciudad	市・街
idioma	言語	aire	空気	cuidado	注意

③ 弱母音の強母音化

弱母音にアクセントがある場合は、弱母音が強母音化し単母音とみなされる。

país (pa-ís) 国　día (dí-a) 日　río (rí-o) 川　único (ú-ni-co) 唯一の

④ 強母音の連続

強母音＋強母音 の組み合わせは二重母音にはならない。単母音と同じ扱いである。

-ae-　-ao-　-ea-　-eo-　-oa-　-oe-

cacao (ca-ca-o) カカオ　peaje (pe-a-je) 料金所　museo (mu-se-o) 博物館

✎EJ3　次の語の二重母音に下線を引きなさい。ないものもあります。

ciudad　veinte　estudiante　museo　diccionario　paella　poema

3　子音 consonante

🎧1-4

子音は5つの単母音との組み合わせで現れる。ただし y [i] は単独で現れることができる。以下では、スペイン語において特に注意すべき文字と発音についてのみ確認する。

① ¡OjO! 注意すべき文字と発音（英語やローマ字読みと違う発音）

J:	ja	je	ji	jo	ju	jamón ハム　joven 若者　juventud 青春
Ñ:	ña	ñe	ñi	ño	ñu	mañana 明日　muñeca 人形　niño 男の子
Q:	-	que	qui	-	-	queso チーズ　quién 誰　quiosco （駅などの）売店
V:	va	ve	vi	vo	vu	vaca 雌牛　verde 緑色　voz 声　vuelo フライト
Y:	ya	ye	yi	yo	yu[2]	ayer 昨日　mayo 五月　ayuda 援助
						y そして　hoy 今日（二重母音の語尾）*母音 [i] としての発音
R:	ra	re	ri	ro	ru[3]	radio ラジオ　sonrisa 微笑　alrededor 周囲
rr:	rra	rre	rri	rro	rru[4]	guitarra ギター　tierra 陸　torre タワー　perro 雄犬
Z:	za	(ce)	(ci)	zo	zu[5]	zapatos 靴　marzo 三月　azul 青い

---

1. 弱母音＋弱母音の場合では、原則として後ろの弱母音にアクセントがかかるが、口語では必ずしも規則通りではない。例　¡Muy bien!（muy のアクセント）
2. y の発音は地域差や個人差がかなりある。
3. 語頭の r および n, s, l の後の r は巻き舌で発音する。
4. rr の発音は巻き舌 になる。語中にしか表れないので常に小文字。
5. za 行および ce, ci は [θ] として発音する。南米では一般に s と同じ発音をする。現代スペイン語では ze, zi は原則として使用しない。

1-5

② 無音

H: ha　he　hi　ho　hu　　　hambre 空腹　hermoso 美しい　hotel ホテル

③ 複数の音を表す文字

C: ca　ce　ci　co　cu　　　casa 家　cena 夕食　cosa 物事　curso コース
　　　　(que) (qui)

G: ga　ge　gi　go　gu　　　gato 雄猫　gente 人々　girasol ひまわり
　　　　　　　　　　　　　　goma ゴム　gusto 味覚

　　-　gue　gui　-　-　　　guerra 戦争　águila 鷲　guía 案内人/ガイドブック

　　-　güe　güi　-　-　　　bilingüe バイリンガルの　pingüino ペンギン

X: xa　xe　xi　xo　xu[6]　　examen 試験　extranjero 外国の　texto テキスト
　　　　　　　　　　　　　　México[7] メキシコ　mexicano メキシコの
　　　　　　　　　　　　　　Texas テキサス

④ 特別な二重字

　　ch, ll は 2 文字で表記するが 1 つの子音として扱われる。

Ch: cha　che　chi　cho　chu　　cuchara スプーン　leche 牛乳　chile 唐辛子
　　　　　　　　　　　　　　　mucho 多い

Ll: lla　lle　lli　llo　llu　　Sevilla セビリヤ　calle 通り　caballo 馬　lluvia 雨

⑤ 二重子音 consonante compuesta

　　B, C, D, F, G, P, T と L または R との組み合わせ (bl, br, cl, cr, -[8] ,dr , fl, fr, gl, gr, pl, pr,
　　tl[9], tr) を二重子音と呼ぶ。二重子音は 1 つの子音として扱われる。

　　blanco 白い　**Br**asil ブラジル　**cl**ase 授業　ma**dr**e 母　**fl**or 花　in**gl**és 英語

　　✎**EJ4**　二重子音に下線を引きなさい。
　　　　　flor　madre　blanco　inglés　Brasil　programa

---

6. 原則として [ks] と発音する。ただし [s] と発音される場合も多い。
7. [j] と発音する。
8. dl はない。
9. tl は一般にメキシコの地名等。Tlaxcala トラスカラ，Tlaloc 古代メキシコの雨の神

4 音節の分け方 silabeo

1-6

> **¡OjO!** 音節もスペイン語のアクセント位置を知る上でとても重要！

母音間の子音が前後に分かれる。1つの音節には1つの母音（二重母音のときは1つの強母音）。

① 母音 – 子音 + 母音   a-ma 主婦　ca-ma ベッド　se-ma-na 週

② 母音 + 子音 – 子音 + 母音   es-cri-bir 書く　can-tar 歌う

③ 母音 + 子音 + 子音 – 子音 + 母音   cons-truc-ción 建設　abs-trac-to 抽象

                                       ins-tan-cia 願書

                                       ins-truc-tor インストラクター

                   ＊ 多くの辞書では音節の切れ目が - (guión: ハイフン) で示される。

✎EJ5 音節を分けなさい。

① グループ（母 – 子母）

     semana　cámara　profesor　examen

② グループ（母子 – 子母）

     cantar　escuela　entender

③ グループ（母子子 – 子母）

     instructor　construcción　instancia

5 アクセント acento

1-7

> **¡OjO!** 正しく発音する上でも、アクセント符号の有無を知る上でも重要！！！

基本則（例外なし）：アクセント符号は右肩上がりの一種類のみである á é í ó ú

               ：1つの単語に1つアクセントがある

               ：最後の3音節のいずれかに置かれる

① 最後の音節が母音または N, S で終わる語は、後ろから二番目の音節の母音にアクセントがつく。

     casa　idea　museo　volumen　Carmen　lunes　tenis

② 最後の音節が N, S 以外の子音で終わる語は、最後の音節の母音にアクセントを置く。

     cantar　papel　hospital　reloj　universidad　ciudad

③ 上記以外の場合はアクセントのつく母音にアクセント符号を付ける。この場合、アクセント符号は必ず書かなければならない。

     café　canción　jardín　árbol　lápiz　música　sábado　periódico　período

✎**EJ6** アクセント位置のルールについて

① （　　　　　）または（　　　　　）で終わる語 ⇒ 後ろから（　　　　　）番
目の音節の母音。

② （　　　　　）以外の子音で終わる語 ⇒（　　　　　）の音節の母音。

③ 上記以外の場合は、アクセントが置かれる（　　　　　）にアクセント符号をつ
ける（二重母音のときは（　　　　　）の上につける）。

🎧 1-8　✎**EJ7** 二重母音がある場合は下線を引き、音節を│で区切ったうえで、アクセントの
ある母音を○で囲みなさい。

Ejemplo : an|t(i)|g<u>uo</u>

1) japonés	2) estudiante	3) profesor	4) ciudad	5) idioma
6) universidad	7) hotel	8) museo	9) veinte	10) azul

🎧 1-9　✎**EJ8** アルファベットを読み上げます。書き取って、出来上がった単語の意味を答えな
さい。アクセント記号は必要に応じてつけなさい。

Ejemplo : J, A, R, D, I, N　→　（ jardín ; 庭 ）

1) （　　　　　；　　　　　）

2) （　　　　　；　　　　　）

3) （　　　　　；　　　　　）

スペイン語圏の人名（主にスペイン系）

男性名： Pedro, Carlos, Jorge, Manuel, José, Francisco, Santiago, José-María
女性名： María, Isabel, Concepción, Dolores, Francisca, Carmen, María-José

男性	Jorge	Blanco	Ruiz
	nombre	primer apellido	segundo apellido
	名	+第一姓（父方）	+第二姓（母方）

既婚婦人	Isabel	García		de	Blanco
	名	+第一姓（父方）		+ de	+ 夫の第一姓

敬称 (tratamientos):	+姓	señor, señora, señorita, señores (略号 Sr. Sra. Srta. Sres.)
	+名	don, doña (略号 D. Da.)

SALUDOS （あいさつ）

1. Hola, Pedro, ¿cómo estás? — Muy bien, gracias. ¿Y tú? — Muy bien, gracias.

2. Buenos días, María. / Buenas tardes, José. / Buenas noches, mamá.

3. Mucho gusto. / Encantado. Encantada.

4. Adiós, hasta mañana. / Hasta luego.

5. ¡Feliz cumpleaños, Pepito! — Muchas gracias.

6. ¡Feliz Navidad! ¡Feliz Año Nuevo!

7. ¡Buen viaje!

8. Muchas gracias. — De nada.

9. Buen provecho. / ¡Que aproveche!

DIÁLOGO

¡Vamos a practicar en parejas!

María : Hola, ¿cómo estás?

Javier : Muy bien, gracias. Me llamo Javier. ¿Y tú?

María : Me llamo María. ¿Cómo se escribe tu nombre?

Javier : Se escribe "J, A, V, I, E, R". Mucho gusto, María.

María : Encantada, Javier

 この課で学習したこと

1. アクセント規則は理解しましたか。アクセント規則を言ってみよう！

2. 英語とは異なる子音の発音を覚えましたか。次の単語を発音してみよう！

    silla japonés queso gente zapato hospital extranjero zumo

3. アルファベットの読み方を覚えましたか。アルファベットで自分の名前を言ってみよう！

4. スペイン語であいさつできますか。隣の友達にあいさつしてみよう！

Lección 2

冠詞・名詞・形容詞〈1〉・ 基数詞 I (1-20)

🎧 1-12 **1** ## 冠詞 artículo
英語同様、定冠詞と不定冠詞の2種類がある。

定冠詞 artículo determinado
特定の名詞

	男性	女性
単数	**el**	**la**
複数	**los**	**las**

不定冠詞 artículo indeterminado
不特定の名詞

	男性	女性
単数	**un**	**una**
複数	**unos**	**unas**

*例外：女性名詞で語頭にアクセントがある場合、単数の定冠詞には la ではなく el を使う。
el agua, las aguas / el aula, las aulas

2 ## 名詞の性 género de sustantivo
スペイン語のあらゆる名詞は「男性名詞」か「女性名詞」のいずれかに分類される。
この分類を文法上の性 (género) と言い、この分類に基づいて冠詞や形容詞の形が変化す
るので、名詞は性とともに覚える必要がある。名詞の性を決定するものは、親族・人間
関係を表す「父」「母」などの場合を除いて大半は約束事である。以下、男性名詞には男
性定冠詞の **el**, 女性名詞には女性定冠詞の **la** を付けて示す。

2-1 語尾による区別
① 多くの場合、**-o** の語尾を持つ名詞は男性名詞、**-a** の語尾を持つ名詞は女性名詞で
ある。

男性名詞 **-o** 　　　　el libro, (　) perro, (　) gato

女性名詞 **-a** 　　　　la mesa, (　) perra, (　) gata

例外もある　　　　la mano, el mapa, el sofá

② **-aje / -oma / -ema / -ama** の語尾を持つ名詞は男性名詞である。
el viaje / (　) paisaje / (　) idioma / (　) problema / (　) programa

③ 語尾が **-dad / -tad / -tud**, および、**-ción / -sión / -tión / -xión** の名詞は女性名詞で
ある。

la universidad / (　) dificultad/ (　) juventud / (　) estación / (　) ocasión

④ -dor / -sor / -tor / -án / -ín / -ón の語尾を持つ名詞は単数形の男性名詞であるが、
語尾に -a を加えると女性名詞になる。

el profesor, la profesora / (　　) autor, (　　) autora / (　　) doctor, (　　) doctora /
(　　) bailarín, (　　) bailarina / (　　) capitán, (　　) capitana

⑤ 不明な時は随時辞書で確認する必要がある。

男性名詞 　　　(　　) árbol 　　(　　) café 　　(　　) papel

女性名詞 　　　(　　) flor 　　(　　) leche 　　(　　) cama

2-2 自然の性による区別

① 「男性名詞」、「女性名詞」の区分が自明である場合

el hombre 　　　la mujer 　　　　　（男性／女性）
(　　) padre 　　(　　) madre 　　　　（父／母）
(　　) hermano 　(　　) hermana 　　　（兄弟／姉妹）
(　　) abuelo 　　(　　) abuela 　　　　（祖父／祖母）
(　　) amigo 　　(　　) amiga 　　　　（男性の友人／女性の友人）
(　　) toro 　　　(　　) vaca 　　　　　（雄牛／雌牛）

*身近な動物名には男性形と女性形がある。

② 人を示す名詞は、男女同形のものがあるので冠詞で区別する。

el/ la estudiante, el/ la joven, el/ la periodista, el/ la guitarrista

✎EJ1 　　**Ejemplo**: gato (**el gato**) / gatos (**los gatos**) 　　　　　ねこ

1) profesor (　　　　　　　) / profesores (　　　　　　　　) 　_____

2) árbol (　　　　　　) / árboles (　　　　　　　) 　_____

3) universidad (　　　　　　　) / universidades (　　　　　) 　_____

4) información (　　　　　　　) / informaciones (　　　　) 　_____

✎EJ2 　　**Ejemplo**: gato (**un gato**) / gatos (**unos gatos**) 　　　　ねこ

1) libro (　　　　　　) / libros (　　　　　　) 　_____

2) idioma (　　　　　　) / idiomas (　　　　　　) 　_____

3) estación (　　　　　　) / estaciones (　　　　　　) 　_____

4) hija (　　　　　) / hijas (　　　　　　) 　_____

🎧 1-13 **3** 名詞の数（単数形と複数形）singular y plural (de sustantivo)

3-1 複数形のつくり方の基本

① 母音で終わる名詞＋**s**　　casa → casas

② 子音で終わる名詞＋**es**　　universidad → universidades

③ *¡OjO!*　綴りの変化（z → c）に注意する必要のある名詞

lápiz (+es) → lápi**c**es　　vez (+es) → ve**c**es

3-2 複数形のアクセントについて

名詞と形容詞は原則として複数形になってもアクセントを持つ音節は移動しない。複数形にすると音節の数が増える場合、規則に応じてアクセント符号を付ける、または消す (P. 5 参照)。

examen → exámenes　joven → jóvenes　opinión → opiniones　lápiz → lápices

📝**EJ3**　次のことばの意味を調べ、定冠詞で始まる複数形にしなさい。

Ejemplo: libro → **los libros** 本

1. actriz　　　　　　　　　　5. lápiz

2. alemán　　　　　　　　　　6. mujer

3. construcción　　　　　　　7. jardín

4. japonés　　　　　　　　　8. universidad

📝**EJ4**　次のことばの意味を調べ、不定冠詞で始まる単数形にしなさい。

Ejemplo: mesas → **una mesa** 机

1. alemanes　　　　　　　　　5. franceses

2. buzones　　　　　　　　　6. japonesas

3. canciones　　　　　　　　7. meses

4. mapas　　　　　　　　　　8. sociedades

🎧 1-14 **4** 形容詞〈1〉adjetivo

形容詞の役割：名詞の性質や状態を説明する。

① 名詞（句）を修飾する。　　　　　un sombrero blanco

② 主語の補語（述語）になる。　　　La casa es blanca. (es は動詞 ser の活用形 → P.16)

¡OjO!　いずれの場合も形容詞の語形は修飾する名詞の文法上の性数に一致する。

4-1 形容詞の変化

① **性数の変化**：男性単数形の語尾が -o で終わる形容詞の場合、女性単数形は語尾を -a, 男性複数形は -os, 女性複数形は -as に変化させる。

	男性	女性
単数	blanc**o**	blanc**a**
複数	blanc**os**	blanc**as**

母音-o で終わる形容詞： blanco, negro, rojo, alto, nuevo, antiguo, viejo, pequeño, limpio, simpático, caro, rico, guapo, bonito など。

② **数のみの変化**：男性形女性形とも -o 以外の母音で終わる語は -s をつけ、子音で終わる語は -es をつける。

	男性	女性
単数	un lápiz verde	una persona amable
複数	unos lápices verde**s**	unas personas amable**s**

-o 以外の母音で終わる形容詞：verde, amable, alegre など。

	男性	女性
単数	un lápiz azul	una casa azul
複数	unos lápices azul**es**	unas casas azul**es**

子音で終わる形容詞：azul, capaz, fácil, difícil, hábil など。

✎**EJ5**　**Ejemplo**：（定冠詞）hojas (blanca) → <u>las hojas blancas</u>

1) (　　　) casa (pequeño)　　→　_____

2) (　　　) estación (nuevo)　　→　_____

3) (　　　) lápices (azul)　　→　_____

4) (　　　) escuelas (antiguo)　→　_____

✎**EJ6**　**Ejemplo**：（不定冠詞）hojas (blanca) → <u>unas hojas blancas</u>

1) (　　　) profesora (simpático)　→　_____

2) (　　　) sillas (viejo)　　→　_____

3) (　　　) coches (caro)　　→　_____

4) (　　　) libros (difícil)　　→　_____

Lección 2

1-16

4-2 地名や国名から派生した形容詞

① 男性単数形の語尾が -o の場合、-o を -a に変えて女性形を作る。名詞としても用いられ「〜人」や国籍を表す。また男性単数形は言語「〜語」を表すことがある。

¡OjO! いずれも語頭は英語と違って小文字であることに注意！！！

	国名	男性	女性
単数	Argentina Brasil	(un/el) argentino brasileño	(una/la) argentina brasileña
複数	Argentina Brasil	(unos/los) argentinos brasileños	(unas/las) argentinas brasileñas

② 男性単数形の語尾が -o 以外の場合、男性単数形の語形に -a を加えて女性形を作る。アクセントのある音節は移動しないことから、アクセント符号の有無に注意すること。

	国名	男性	女性
単数	España Alemania Japón	(un/el) español alemán japonés	(una/la) española alemana japonesa
複数	España Alemania Japón	(unos/los) españoles alemanes japoneses	(unas/las) españolas alemanas japonesas

✎EJ7　**Ejemplo**:（不定冠詞）bolso【Francia】→ 　<u>unos bolsos franceses</u>

1) (　　　) alumnas【España】　→ ＿＿＿＿＿＿＿＿＿＿＿＿＿＿

2) (　　　) zapatos【Brasil】　→ ＿＿＿＿＿＿＿＿＿＿＿＿＿＿

3) (　　　) profesoras【Japón】　→ ＿＿＿＿＿＿＿＿＿＿＿＿＿＿

4) (　　　) coche【Almania】　→ ＿＿＿＿＿＿＿＿＿＿＿＿＿＿

5 基数詞 I números cardinales 0-20

0-20 までをまず覚えよう！ ⇒ P.14 参照

✎ **EJ8** 次の日本語をスペイン語にしなさい。

1. 3 人の親切な友人 　_____

2. 10 本の赤い花 　_____

3. 5 本の高い木 　_____

4. 4 匹の大きいねこ 　_____

DIÁLOGO

🎧 1-17

¡Vamos a practicar en parejas!

En un bar

A: (a)<u>Buenos días</u>. (b)<u>Un jugo de naranja</u>, por favor.

B: Muy bien. Aquí tiene.

A: Muchas gracias. ¿Cuánto es?

B: (c)<u>9 pesos</u>.

1) (a) Buenas tardes (b) Dos cafés con leche (c) 15 dólares

2) (a) Buenas noches (b) Una pizza y dos cervezas (c) 18 euros

 この課で学習したこと

1. 定冠詞、不定冠詞の変化：次の語に定冠詞と不定冠詞をつけてみよう！
   casa　niño　zapatos　español

2. 名詞の性・数について理解し、覚えましたか。

3. 形容詞の種類と変化について理解し、覚えましたか。

4. 1〜20 までの数字：隣の人と言い合ってみよう！

Números cardinales

① 0-19

まず 15 まで覚える。綴りでは cero, cuatro に注意すること。

0 cero	6 seis	11 once
1 uno	7 siete	12 doce
2 dos	8 ocho	13 trece
3 tres	9 nueve	14 catorce
4 cuatro	10 diez	15 quince
5 cinco		

—16 から 19 は "diez y 一の位" と表記される。dieciséis のように一体で書かれる。

16 dieciséis	17 diecisiete	18 dieciocho	19 diecinueve

② 20-100

21 以降 99 までは"十の位 y 一の位"と表記される。21-29 までは veintiuno, veintidós のように一体で書かれ、31 以降は十の位と一の位の間に y を入れて分かち書きをする。ともにアクセントは一位の数字につく。

20 veinte	28 veintiocho	56 cincuenta y seis
21 veintiuno	29 veintinueve	67 sesenta y siete
22 veintidós	30 treinta	79 setenta y nueve
23 veintitrés	31 treinta y uno	80 ochenta
24 veinticuatro	32 treinta y dos	90 noventa
25 veinticinco	43 cuarenta y tres	100 cien
26 veintiséis	44 cuarenta y cuatro	
27 veintisiete	55 cincuenta y cinco	

③ 101 － 999

百位と十位の間に y は入らない。

101 ciento uno	110 ciento diez	132 ciento treinta y dos
102 ciento dos	111 ciento once	156 ciento cincuenta y seis
103 ciento tres	115 ciento quince	168 ciento sesenta y ocho
104 ciento cuatro	116 ciento dieciséis	
105 ciento cinco	120 ciento veinte	

— 200 から 900 は名詞の性に応じて形が変化する（例：doscientas páginas）。

200 doscientos	500 quinientos	800 ochocientos
300 trescientos	600 seiscientos	900 novecientos
400 cuatrocientos	700 setecientos	990 novecientos noventa

④ **1.000 － 999.999.999**

スペイン語圏では一般に小数点（.）とコンマ（,）が日本とは逆に用いられる。
また数詞としての mil（1.000）は、un mil とはならず、2.000 以上でも変化はない。

1.000	mil	6.000	seis mil
1.001	mil uno	100.000	cien mil
1.492	mil cuatrocientos noventa y dos	200.000	doscientos mil
2.000	dos mil	900.000	novecientos mil
3.000	tres mil	1.000.000	un millón
4.000	cuatro mil	10.000.000	diez millones
5.000	cinco mil	20.000.000	veinte millones

⑤ **量を表す：基数詞＋名詞**

男性名詞は un, 女性名詞は una となる。ただし、基数詞単独で 1 を表す場合は uno になる。

un libro, dos libros, tres libros / una mesa, dos mesas, tres mesas

⑥ **順番を表す：名詞＋基数詞**

número uno, lección una, libro dos, mesa tres, página cuatro

⑦ **近似値を表す：不定冠詞複数形＋基数詞**

unos diez profesores, unas veinte personas

📝**EJ1**　次の数を読みなさい／書きなさい。

1. 357
2. 584
3. 6.968
4. 23.714
5. 239.172
6. 1.411.899

Lección 3
主格人称代名詞・疑問詞・**ser** 動詞・形容詞〈2〉
序数詞・基数詞 II (21-100)

1 主格人称代名詞 pronombres personales nominativos および **ser** 動詞の活用

スペイン語では、動詞 ser および estar が英語の be 動詞機能の役割を分担する。本課では、まず恒常的性質を表す ser を学ぶ。

		主格人称代名詞	**ser**
単数	1 人称	yo	soy
	2 人称	tú	eres
	3 人称	él[1], ella, usted[2]	es
複数	1 人称	nosotros / nosotras	somos
	2 人称	vosotros / vosotras[3]	sois
	3 人称	ellos, ellas, ustedes	son

1-25

1-1 文法上の性数の一致（述語補語）

	男性	女性
単数	El libro es blanco.	La casa es blanca.
複数	Los libros son blancos.	Las casas son blancas.

男性名詞＋女性名詞＝男性複数形	
El señor García es profesor. La señora García es profesora.	Los señores García son profesores.
Pedro es guapo. María es guapa.	Pedro y María son guapos.
José es español. Carmen es española.	José y Carmen son españoles.

----

1. él はアクセント符号で定冠詞の el と区別する。なお 3 人称は事物にも使用される。
2. usted (Ud./Vd.), ustedes (Uds./Vds.) は、相手と距離を置く敬称「あなた、あなた方」と考える。
3. スペイン以外の多くの地域では vosotros/as は使用されず、ustedes で代用される。

✎**EJ1**　　**Ejemplo**: Yo (　**soy**　) español.

1) Nosotras (　　　　　) estudiantes.
2) María (　　　　　) española y yo (　　　　　　) japonés/ japonesa.
3) ¿Ustedes (　　　　　　) profesores?　—No, (　　　　　　) estudiantes.
4) Vosotras (　　　　　　) muy simpáticas.
5) Tú (　　　　　) muy amable.

✎**EJ2**　　上の 1, 4, 5 の文をすべての人称で言いなさい。

2　**疑問詞 interrogativos**　　　***¡OjO!***　疑問詞には必ずアクセント符号がある

疑問代名詞 pronombres interrogativos	¿Qué? 何；¿Quién? (¿Quiénes?) 誰； ¿Cuál? (¿Cuáles?) どれ・何； ¿Cuánto? (¿Cuántos? ¿Cuánta? ¿Cuántas?) どの位・いくつ
疑問形容詞（＋名詞） adjetivos interrogativos	¿Qué? 何の・どんな；(¿Cuál? どの) ¿Cuánto? (-a, os, -as) どの位（の）・いくつ（の）
疑問副詞 adverbios interrogativos	¿Cuándo? いつ；¿Cómo? どのような・どんな方法で； ¿Dónde? どこ　　(¿Cuánto? どれだけ)[4]

3　**ser 動詞のさまざまな用法**

英語の be 動詞同様、ser 動詞自体に意味はなく、主語と述語補語を結ぶ役割を果たしている。ただし、4 課で学ぶ estar 動詞が時間の中で次々に変化するような主語の一時的状態を表現するのに対し、ser は、一定期間持続する主語の性質を表現する。

3-1　[主語＋ser＋名詞] 主語の性質・属性（職業、国籍・名前等）を表す。

¿Qué es esto?　—— Es un diccionario de español. / Es una revista española.
　　　＊esto「これ」は中性（P.25 参照）

¿Cuál es tu comida favorita?　—— Mi comida favorita es la paella.

¿Cómo es la ciudad?　—— La ciudad es muy bonita. Las casas son antiguas.

¿Quién eres tú?　—— Soy Carmen. / Soy Manuel, profesor de español.

¿Quiénes son ustedes?　—— Él es el profesor García y yo soy Mariana.

身分・職業 ¿Qué es Mario?　—— Mario es abogado. (profesor, empleado, médico, estudiante)

4.　主語と述語補語がいずれも名詞で、それぞれの文法上の数が単数と複数となっている場合は、動詞 ser は複数形をとることが多い。¿Cuánto es el diccionario? —— Son diez dólares.

Lección 3

¿Cuándo es tu cumpleaños (la fiesta)?　　＊tu, mi は所有形容詞 (P. 22)

— Mi cumpleaños (La fiesta) es el día once de agosto.

🎧 1-28

✒EJ3　　**Ejemplo**: ¿(**Qué**)(**es**) José? — (**Es**) estudiante.

1) ¿(　　　)(　　　　　) Pedro? — (　　　　　) profesor de español.

2) ¿(　　　)(　　　　　) vosotros? — Ella (　　　　) Carmen y yo (　　　　) Jorge.

3) ¿(　　　)(　　　　　) esto? — (　　　　　) un mapa de la ciudad de Madrid.

4) ¿(　　　)(　　　　　) tu comida favorita? — (　　　　　) la pizza.

5) ¿(　　　)(　　　　　) María? — (　　　　　) muy simpática.

Toledo　　　　　　　　　　　　　　Madrid

🎧 1-29

3-1 ［主語＋**ser**＋**de**＋名詞］主語の出身・所属／所有先・材質を表す。

出身　¿De dónde sois? — Somos de México. (Somos mexicanos)

所有　¿De quién es el libro? — Es de Pedro.

材質　¿De qué es la mesa? — Es de madera.

　　　¿Qué día (de la semana) es hoy? — Es martes (, ocho de enero de dos mil veinte).

🎧 1-30

✒EJ4　　**Ejemplo**: ¿De (**dónde**)(**es**) José? — (**Es**) brasileño.

1) ¿De (　　　　)(　　　　　) Pedro? — (　　　　)(　　　　　) Perú.

2) ¿De (　　　　)(　　　　　) ustedes? — (　　　　) españoles.

3) ¿(　　　)(　　　　　)(　　　　　) tú? — (　　　　) de Argentina.

4) ¿De (　　　　)(　　　　　) los zapatos? — (　　　　)(　　　　　) Javier.

5) ¿De (　　　　)(　　　　　) el bolso? — (　　　　)(　　　　　) piel (cuero).

6) ¿Qué día es hoy? — _____

4 名詞と形容詞の語順、形容詞〈2〉

形容詞は通常名詞の後に置かれるが、以下の場合に前置されることがある。

① 主観、価値判断、評価等を表す場合（形容詞＋名詞）〈前置〉

la nueva casa（その人にとっての）新居 / la casa nueva 新築の家

la primera lección（その人にとって）最初のレッスン / la lección primera 第1章

un pobre chico（その人から見て）かわいそうな子供 / un chico pobre 貧しい子供

② 数量を表す形容詞（**mucho, poco** ＋名詞）

mucho, poco は、可算名詞、不可算名詞のどちらの前にも置かれる。

可算名詞	男性	女性
単数	un libro	una página
複数	dos libros **muchos libros** **pocos libros**	dos páginas **muchas páginas** **pocas páginas**

不可算名詞	男性	女性
単数	**mucho dinero** **poco dinero**	**mucha agua** **poca agua**

③ 不規則な変化をする形容詞　**bueno, malo, grande**

> **¡OjO!**　**bueno, malo** は名詞の前に置かれることが多く、共に男性単数名詞の前で **-o** が脱落する。**grande** は男性単数名詞・女性単数名詞の前で **-de** が脱落する。

	男性	女性
単数	un **buen** hombre	una **buena** persona
	un **mal** hombre	una **mala** persona
	un **gran** trabajo un trabajo **grande**	una **gran** obra una obra **grande**

＊複数形はすべて不規則な変化はしない　unos buenos hombres / unas grandes obras

✎EJ5　**Ejemplo**: (mucho → **muchas**) casas.

1) un (grande →　　　　　) problema

2) (mucho →　　　　　) gente

3) un (bueno →　　　　　) perro

4) un (malo→　　　　　) amigo

5) (poco→　　　　　) agua

5　序数詞 números ordinales

変化形は男性単数形の語尾が -o の形容詞と同形 (P.14 参照) で、多くの場合 10 以上は基数詞で代用する。

① primero, segundo, tercero, cuarto, quinto, sexto, séptimo, octavo, noveno, décimo

　　la lección octava / la lección ocho, el número segundo / el número dos

② primero と tercero は男性単数名詞の前で -o が脱落する。

	男性	女性
単数	el **primer** día 初日 el día **primero** ついたち	la **primera** lección 最初のレッスン la lección **primera** 第1課
	el **tercer** día 3日目 el día **tercero** （月の）3日	la **tercera** lección 3回目のレッスン la lección **tercera** 第3課

*略号 **1º, 1ª, 1er, 1º, 1ª, 1er, 3º, 3ª, 3er, 3º, 3ª, 3er**

✎EJ6　**Ejemplo**: el (cinco → quinto) día

1) el (tres →　　　　) libro　　　4) la (cuatro →　　　　　) edición

2) el (uno →　　　　) día　　　5) el (uno →　　　　　) año

3) la (dos →　　　　) hija

6　基数詞 II números cardinales 21-100

21-100 までの数を覚えよう！　⇒ P.14 参照

✎EJ7　今から言う数字を聞き取って、スペイン語で書きなさい。

Ejemplo: (25, veinticinco)

1)

2)

3)

1-32

DIÁLOGO

¡Vamos a practicar en parejas!

A: ¿De dónde (a)eres? — B: (b)Soy de Japón.

A: ¿(a)Eres profesor/a? — B: No, (c)soy ingeniero/a. ¿Y tú?

A: Soy estudiante. — B: Mucho gusto.

A: Encantado/a.

動詞や形容詞の形を変えながら練習しよう

1) (a) es usted　　　　　(b) Soy, España　　　　　(c) Soy abogado/a

2) (a) son ustedes（2行目の "profesor" の形に気を付けて）

　　(b) Somos, mexicanos　　　(c) ella es secretaria y yo soy empleado/a

Vocabulario

1-33

○ **día de la semana**（曜日）

月 lunes	火 martes	水 miércoles	木 jueves
金 viernes	土 sábado	日 domingo	

○ **mes**（月）

1 月 enero	2 月 febrero	3 月 marzo	4 月 abril	5 月 mayo	6 月 junio
7 月 julio	8 月 agosto	9 月 septiembre	10 月 octubre	11 月 noviembre	12 月 diciembre

📖 この課で学習したこと

1. ser 動詞の活用と用法：全ての人称で「〜は日本人だ」と言ってみよう！

2. 出身と日付、誕生日を聞く疑問文や疑問詞の用法を覚えましたか。
　　隣の人に今日の日付と誕生日を聞いてみよう！

3. 形容詞の基本的な語順と特殊な変化をする形容詞について理解しましたか。
　　「良い人」、「偉大な作品」、「第1日目」と言ってみよう！

4. 21〜100 までの数：隣の人と言い合ってみよう！

Lección 4
所有形容詞・estar 動詞・否定文・疑問文・指示詞
基数詞 III（101-1000）

1 所有形容詞（前置形）adjetivo posesivo

mi / tu / su は名詞に応じて数変化のみ、nuestro / vuestro は性数の変化をする。英語の his / her のような所有者の性の区別はない。

		男性		女性	
単数	私の 君の 私たちの 君たちの 彼の・彼女の・あなたの 彼らの・彼女らの あなた方の	mi tu nuestro vuestro su	amigo libro coche promblema caso	mi tu nuestra vuestra su	amiga revista casa dificultad cosa
複数	私の 君の 私たちの 君たちの 彼の・彼女の・あなたの 彼らの・彼女らの あなた方の	mis tus nuestros vuestros sus	amigos libros coches problemas casos	mis tus nuestras vuestras sus	amigas revistas casas dificultades cosas

¡OjO!　特に３人称の su は所有者の性数ではなく修飾する名詞の性数によって変化するので注意！

1-34

✎**EJ1**　**Ejemplo**: (私の **Mi**) hermano es abogado. 私の兄は弁護士です。

1) ¿(　　　　　) es (彼らの 　　　　　) padre? — Es muy alegre.

2) ¿De (　　　　　) es (君の 　　　　　) abuelo? — Es de Argentina.

3) ¿Qué son (君の 　　　) hijas? — (　　　　) hijas (　　　　) estudiantes.

4) ¿(　　　　) son (彼の 　　　) padres? — (　　　　) muy alegres.

5) (君たちの 　　　　) nueva casa (　　　　) muy bonita.

22

Lección 4

2 estar 動詞

本課では、もう一つの be 動詞である estar 動詞を学ぶ。estar 動詞は、基本的に具体的な時間の中で次々に変化するような、主語の一時的な状態を表す。

単数		主格人称代名詞	**estar**
単数	1人称	yo	estoy
	2人称	tú	estás
	3人称	él, ella, usted	está
複数	1人称	nosotros / nosotras	estamos
	2人称	vosotros / vosotras	estáis
	3人称	ellos, ellas, ustedes	están

2-1 ［主語＋estar＋形容詞／副詞］主語の一時的状態

形容詞が述語補語となるときは主語と性数が一致、副詞 (bien) は無変化。

¿Cómo estás tú? — Estoy bien. / Estoy cansado/a.

Carlos está alegre / triste / contento / enfermo.

El cuarto está sucio. / La mesa está limpia. / La paella está rica.

［主語＋estar＋形容詞＋前置詞＋名詞］主語の一時的状態

Pedro está enamorado de María. Pero María está enfadada con Pedro.

¿Estáis contentos con el curso de español? — Sí, estamos muy contentos.

> ✎EJ2　**Ejemplo**: ¿(**Cómo**)(estar **está**) María? — (estar **Está**) enferma.

1) ¿(　　　)(estar　　　)(君の　　　) padres? — (estar　　　) muy bien, gracias.
2) ¿Vosotros (estar　　　) cansados? — No, (estar　　　) tristes.
3) (君の　　　) zapatos (estar　　　) sucios.
4) ¿De quién (estar　　　) enamorada tú? — (estar　　　)(　　　)
   (　　　) José.
5) ¿(estar　　　) ustedes libres esta noche? — No, (estar　　　) muy ocupadas.

2-2 ［主語＋estar＋前置詞＋場所］［主語は場所にある／いる］
［主語＋estar＋副詞句 (aquí / ahí / allí)］

特定の人・物・建物・地域の時間的・空間的「所在」を表す。

¿Dónde está tu hermano? — Está en la universidad/ en la casa de su amiga/ allí.

¿Dónde están las llaves? — Están en la mesa/ Están aquí.

¿Estáis en casa? — No, estamos de viaje/ vacaciones.

23

✎**EJ3**   **Ejemplo**: ¿(**Dónde**)(estar **está**) tu madre? — (estar **Está**)(**en**) la cocina.

1) ¿(   )(   ) (tú) ? — (   ) en la sala de clase.

2) ¿(   )(   ) España? — España (   ) en la Península Ibérica.

3) ¿(   )(   ) ustedes? — (   )(   )(   ) biblioteca.

4) ¿Con quién (   ) (tú) ahora? — (   ) con (   ) novia.

（どんな解釈でもOKです）

2-3 位置関係を表す前置詞

cerca ⟺ **lejos**	La estación	está cerca / lejos de la universidad.
delante ⟺ **detrás**	El auditorio	está delante / detrás de la biblioteca.
arriba ⟺ **abajo**	Mi hermana	está arriba. / Mi despacho está abajo.
encima de ⟺ **debajo de**	El gato	está encima / debajo de la mesa.
a la izquierda ⟺ **a la derecha**	La biblioteca	está a la izquierda / derecha.
fuera ⟺ **dentro**	Los niños	están fuera / dentro de la casa.

✎**EJ4**   絵を見て答えよう。

1) ¿Dónde está el gato negro?

2) ¿Dónde están los niños?

3) ¿Dónde está el reloj?

4) ¿Dónde está el bolso?

5) ¿Dónde están los zapatos?

✎**EJ5**   「いまどこにいるの？」と質問し合おう。   **¡Vamos a practicar en parejas!**

Ejemplo: ¿Dónde estás ahora? — Estoy en el baño.

《場所》家、大学、図書館、友達の家、駅

24

2-4 ser と estar で意味の変化する形容詞

ser	estar
Vuestro niño es muy listo.	/ La comida está lista.
La chica es orgullosa.	/ La chica está orgullosa de su padre.
Jorge es alegre.	/ Jorge está alegre.　など

3 否定文・疑問文 oración negativa / oración interrogativa

スペイン語の語順は、英語に比べてかなり自由である。疑問文でも、必ずしも主語と動詞を倒置させなければいけないわけではない。ただし、動詞と目的格代名詞、及び否定語の語順には厳格な規則がある。（後述 → P.30）

肯定文　　La casa es grande. / Es grande la casa.

否定文　　La casa **no** es grande.　*否定語 no は活用動詞の前に置かれる。

疑問文　　¿La casa es grande? / ¿Es la casa grande? / ¿Es grande la casa? / ¿Es grande ?[1]

否定疑問文　　¿No es grande la casa? — No, no es grande. Es pequeña.

Sí /No での応答　　Sí, es grande. / No, no es grande. Es pequeña. / No, es pequeña.

*否定疑問文の答えは英語と同じく、原則は事実に対応すれば Sí、異なれば No.

4 指示形容詞・代名詞 adjetivo / pronombre demostrativo

指示形容詞は、原則として前置（文法上後置もありうる）。

	男性	女性	中性 [3]
この／これ その／それ あの／あれ	este (éste[2]) ese (ése) aquel (aquél)	esta (ésta) esa (ésa) aquella (aquélla)	esto eso aquello
これらの それらの あれらの	estos (éstos) esos (ésos) aquellos (aquéllos)	estas (éstas) esas (ésas) aquellas (aquéllas)	— — —

指示代名詞男性　　Este (señor) es el señor García. / Estos son unos platos españoles.

　　　　女性　　Esta (señora) es la señora García. / Estas son unas tartas españolas.

　　　　中性　　¿Qué es esto? — (Eso) Es un diccionario de latín.

----

1. 肯定・否定を尋ねる疑問文のイントネーションは後ろを上げる。
2. 指示代名詞は、同形の指示形容詞と区別するために、以前はアクセント記号をつけていたが現在はなくてもいいことになっている。
3. 中性は日本語の「これ・それ・あれ、このこと・そのこと・あのこと」に対応する。名称が不明なものや事柄、抽象的な概念、前の文の内容の一部あるいは全体を指す。したがって複数形はない。

✎**EJ6**   **Ejemplo**: ¿(**Qué**) es (これ **esto**)? — (**Es**) una computadora.

1) ¿(   ) es (あれ   )? — Es la Torre de Tokio.

2) (その   ) bolígrafo es de Francia.

3) (あれらの   ) mesas (   ) sucias.

4) ¿De (   ) es (この   ) mochila? — Es de Sandra.

5) (これら   ) zapatos (   ) de España.

5 所有形容詞（後置形・完全形）adjetivo posesivo

いずれの場合も、名詞の性数に一致して変化をする。

	男性単数	女性単数	男性複数	女性複数
私の 君の 私たちの 君たちの	mío tuyo nuestro vuestro	mía tuya nuestra vuestra	míos tuyos nuestros vuestros	mías tuyas nuestras vuestras
彼の・彼女の・あなたの 彼らの・彼女らの あなた方の	suyo	suya	suyos	suyas

用法

① **ser** 動詞の述語補語　Este libro es mío. (Este es mi libro.)

¿Es tuyo este libro? — Sí, es mío. (es mi libro)

② 名詞に後置　Pedro es un amigo mío. (Pedro es mi amigo)

③ 定冠詞を伴い所有代名詞として用いられる。「～のもの」を意味する。

Tu sombrero es azul. El mío es blanco.

④ 中性定冠詞 lo＋所有形容詞で抽象名詞化する。Lo tuyo es mío.

✎**EJ7**   **Ejemplo**: ¿(**Qué**) es (これ **esto**)? — (**Es**) un ordenador.

1) ¿De (   ) es esa guitarra? — Es (私たちの   )

2) María (   ) una amiga (   ). = María es mi amiga.

3) Mi computadora es vieja. La (君の   ) es nueva.

6 基数詞 III números cardinales 101-1000

101-1000 までの数を覚えよう！　　⇒ P.14, 15 参照

　　✎**EJ8**　　今から言う数字を聞き取って、スペイン語で書きなさい。

　　Ejemplo: (358, trescientos cincuenta y ocho)

　　1)

　　2)

　　3)

DIÁLOGO

¡Vamos a practicar en parejas!

A:　¡Qué calor hace hoy!

B:　Sí, ¿verdad? ¿Cómo estás?

A:　Muy bien, gracias. Oye, ¿dónde está tu novia/o?

B:　Está en (a)la cafetería.

A:　Ah, y ¿con quién está?

B:　Está con (b)mi amigo/a.

A:　¿En serio? ¿Y no estás (c)celoso/a?

B:　¡Ni hablar! Soy un hombre generoso (una mujer generosa).

　　(a) la biblioteca　　　　(b) su ex novio/a　　　　(c) enfadado/a con ella/él

📖 | この課で学習したこと |

　1. estar 動詞の活用と用法：「～は元気だ」と全ての人称で言ってみよう！

　2. 2つの所有形容詞：「彼女は私の友達の一人だ」と言ってみよう！

　3. 指示詞：「この本」「それらの靴」「あの家」と言ってみよう！

　4. 人や物の位置関係：「机の上、下、前、うしろ、右、左」と言ってみよう！

ローマ数字			
I (uno)	VI (seis)	XI (once)	XXX (treinta)
II (dos)	VII (siete)	XV (quince)	XL (cuarenta)
III (tres)	VIII (ocho)	XVII (diecisiete)	L (cincuenta)
IV (cuatro)	IX (nueve)	XIX (diecinueve)	LXXX (ochenta)
V (cinco)	X (diez)	XX (veinte)	C (cien)

Lección 5

直説法現在規則動詞・目的格人称代名詞・時刻の表現・基数詞 IV（1000〜）

スペイン語の動詞

種類：原形（不定詞）の語尾は -ar, -er, -ir の３つのうちのいずれかである。

-ar（全体の約 80%）／-er, -ir（約 20%）

活用：規則活用 regular：語幹（語根とも言う）が一定。

不規則活用 irregular：語幹が変化する、または語幹と語尾の間に別の音が加わる。

構成要素：接頭辞 prefijo ＋ 語幹 raíz ＋ 語尾 desinencia

---

1 直説法現在 presente de indicativo：現在の事実、習慣、近未来

1-1 規則変化動詞の活用 Conjugaciones de los verbos regulares

【語幹＋語尾】語幹は常に同じであるが語尾が変化する。

	tomar	comer	vivir
yo	tomo	como	vivo
tú	tomas	comes	vives
él, ella, usted	toma	come	vive
nosotros / nosotras	tomamos	comemos	vivimos
vosotros / vosotras	tomáis	coméis	vivís
ellos, ellas, ustedes	toman	comen	viven

直説法現在形の特徴：１人称・２人称複数形ではアクセントの位置が原形と同じ位置を保ち語尾におかれ、全ての人称の単数形と３人称複数形は語幹にアクセントがくる。

✎**EJ1** 次の動詞の活用を言いなさい。

hablar, aprender, lavar, escribir, leer

✎**EJ2** **Ejemplo**: Yo (estudiar) **estudio** español.

1) Nosotros (comer)＿＿＿＿＿＿ paella en un restaurante.

2) Yo (aprender)＿＿＿＿＿＿ español.

3) Tú (hablar)＿＿＿＿＿＿ inglés y japonés.

4) Yo no (tomar)＿＿＿＿＿＿ café.

5) Ustedes (vivir)＿＿＿＿＿＿ cerca de la casa de mi hija.

1-2 疑問詞 **Qué / Dónde**＋規則動詞の対話表現

1-50

① ¿Qué tomas tú? / ¿Qué toma usted? — (Yo)＿＿＿＿＿＿ un café.

② ¿Qué escribes tú? / ¿Qué escribe usted? — (Yo)＿＿＿＿＿＿ una carta.

③ ¿Qué aprendéis vosotros? / ¿Qué aprenden ustedes? — (Nosotros)＿＿＿＿＿＿ español.

④ ¿Dónde vives tú? / ¿Dónde vive usted? — (Yo)＿＿＿＿＿＿ en Tokio.

⑤ ¿Dónde vivís vosotros? / ¿Dónde viven ustedes? — (Nosotros)＿＿＿＿＿＿ en Madrid.

✎**EJ3**   **Ejemplo**: ¿Qué (tomar) **tomas** tú? /¿Qué **toma** usted? — (Yo)**Tomo** un café.
1-51

1) ¿Qué (leer)＿＿＿ tú? /¿Qué ＿＿＿ usted? — (Yo)＿＿＿ el libro de historia.

2) ¿＿＿＿ (tomar)＿＿＿ usted? — (Yo)＿＿＿ un té.

3) ¿Qué lenguas (hablar)＿＿＿ vosotros? — (Nosotros)＿＿＿ japonés y español.

4) ¿Qué instrumento (tocar)＿＿＿ los estudiantes? — (Ellos)＿＿＿ la guitarra.

5) ¿＿＿＿ (vivir)＿＿＿ ella? — (Ella)＿＿＿ en Tokio.

✎**EJ4**   上の **EJ3** をすべて tú と yo にして質問し合おう。

¡Vamos a practicar en parejas!

2 人称代名詞 **pronombres personales**   直接・間接目的格

1・2人称の単数・複数共に直接目的格と間接目的格の形は同じ。

	主格	間接目的格	直接目的格
単数	yo tú él / ella / usted	me te le (se)	me te lo · le¹/ la
単数	nosotros / nosotras vosotros / vosotras ellos / ellas / ustedes	nos os les (se)	nos os los · les/ las

----

1.　スペインでは直接目的格が**男性**（**人**）の usted/ustedes を、直接目的語にする場合、間接目的格と同形の le/les が使用されることがある。男性・女性の区別を明確にするためと考えられる。

直接目的格人称代名詞の語順

2-1 ［直接目的格代名詞＋活用動詞］

直接目的格は活用動詞の前におかれる。

① ¿Tomas té?

    ↓男性単数名詞

    Sí, **lo** tomo.

    No, no **lo** tomo.

② ¿Come usted <u>verduras</u>?

    ↓女性複数名詞

    Sí, **las** como.

    No, no **las** como.

2-2 ［前置詞 a＋直接目的格の人］

直接目的格が**人の場合**は、主語と目的語を明確にするために目的語の直前に前置詞 a を付ける。

① María busca **a Jorge / al profesor**.

    = **Lo** busca.

    =María **lo** busca.

    = **Lo** busca María.

② Jorge busca **a María**.

    = **La** busca.

    =Jorge **la** busca.

    = **La** busca Jorge.

🖉**EJ5**   **Ejemplo**: ¿Compras <u>carne</u>? — Sí, <u>**la** compro</u>.

1) ¿Lees <u>periódico</u>? — Sí, _____ _____ diariamente.

2) ¿Usted compra <u>las verduras</u> ? — Sí, _____ _____.

3) ¿Comen ustedes <u>dulces</u>? — Sí, _____ _____.

4) ¿Esperas <u>a tu mamá</u>? — Sí, _____ _____.

5) ¿Buscáis <u>a mi hermano</u>? — Sí, _____ _____.

間接目的格人称代名詞の語順（GIVE 型動詞「人に物を GIVE」）

2-3 ［間接目的格代名詞＋活用動詞＋直接目的語］

① Ella **me** enseña inglés.

② Siempre **le** mando una tarjeta en su cumpleaños.

③ ¿Qué **nos** mandáis?

    ↓

    Os mandamos un paquete.

④ ¿Qué **me** regalas?

    ↓

    Te regalo una bufanda.

2-4 ［前置詞 a＋人（普通名詞）］

間接目的格代名詞は、構文や意味を明確に強調するために前置詞 a とともに重複させることが多い。特にⒷの語順のときは省略できない。

Ⓐ Yo <u>**le**</u> mando el libro **a José**.　=　Ⓑ **A José** <u>**le**</u> mando el libro.

Ⓐ María no <u>**le**</u> da la revista **a Pedro**.　=　Ⓑ **A Pedro** no <u>**le**</u> da la revista María.

◈EJ6 **Ejemplo**: ¿Qué me compran ustedes? — __Te__ compramos una muñeca. 🎧1-57

1) ¿Qué le regalas a tu abuela? — _____ regalo una bufanda.

2) ¿Qué nos mandáis? — _____ mandamos un paquete.

3) ¿Qué os enseña la profesora? — _____ enseña inglés.

3 目的格人称代名詞が並列するときの語順

目的格人称代名詞が並列する場合は、間接目的格、直接目的格の順に並べ、活用動詞の前に置く。

3-1 3人称以外の並列［間接目的格代名詞＋直接目的格人称代名詞＋活用動詞］ 🎧1-58

¿María _me_ compra **una muñeca**? — **Sí,** _te la_ compra.

¿_Nos_ regalas **estas tartas**? — No, no _os las_ regalo.

◈EJ7 **Ejemplo**: ¿Me compra una muñeca? —Sí, __te la__ compro. 🎧1-59

1) ¿Me regalas una bufanda? —Sí, _____ regalo.

2) ¿Nos mandáis un libro? — Sí, _____ mandamos.

3) ¿Me prestas tus diccionarios? — No, no _____.

4) ¿Me compráis una computadora nueva? — No, _____.

5) ¿A quién regalan ustedes esta ropa? — （君に）_____.

3-2 3人称の並列   _¡OjO!_ le/ les は、lo, la, los, las の前で「se」になる！ 🎧1-60

3人称が並列する場合は、間接目的格の3人称 (le/les) が se に変化する。

¿María le manda esta tarjeta a su tío?

— Sí, ✗ se la manda.

◈EJ8 **Ejemplo**: ¿Le compras una muñeca? — Sí, _se la_ compro. 🎧1-61

1) ¿Le regalas aquella bufanda a tu abuela? — Sí, _____ regalo.

2) ¿Le mandáis esos libros a Pablo? — Sí, _____.

3) ¿Le prestas tu diccionario viejo a tu amigo? — Sí, _____.

4) ¿Les compráis unas camisetas nuevas? — No, _____.

5) ¿Usted les regala un viaje a sus padres? — Sí, _____.

4 時刻の表現

¿Qué hora es? — Son las tres (horas) y cinco (minutos).

*時・分は通常略される。y はプラス（〜分後）、menos はマイナス（〜分前）

Es la una.

Son las dos.

Son las tres <u>y media</u>.

Son las cuatro <u>menos cuarto</u> / <u>y cuarto</u>.

Son las once <u>más o menos</u>.

Son las siete <u>de la mañana</u> / <u>de la tarde</u>.

Son las diez <u>de la noche</u>.

Son las dieciséis horas.

*通常 12 時間制。必要に応じ午前・午後等をつける。南米の一部では日常会話においても 24 時間制。

✎**EJ9** 次の時刻をスペイン語で答えなさい。24 時制の問題は 2 通りで答えなさい。

Ejemplo: 22:15. Son las veintidós y cuarto. Son las diez y cuarto de la noche.

¿Qué hora es?

1) 12:50   2) 1:25   3) 1:35

4) 3:45   5) 4:15   6) 5:30

7) 8:58   8) 10:04   9) 13:18

DIÁLOGO

¡Vamos a practicar en parejas!

A: 君はどこに住んでいるの？

B: ＿＿＿＿＿＿＿＿ に住んでいるよ。

A: 君は学生？

B: 学生だよ。

A: 大学で何を学んでいるの？

B: スペイン語を学んでいるよ。

A: 私/僕もそれを学んでいるよ。

B: 私/僕は ＿＿＿＿＿＿＿＿ 先生に習っているよ。

※ 〜も también, 〜先生に con el profesor ＿＿＿＿/con la profesora ＿＿＿＿

5 基数詞 **Ⅳ números cardinales 1000-**

1000 以上の数を覚えよう！　⇒ P.15 参照

✎EJ10　今から言う数字を聞き取って、スペイン語で書きなさい。

Ejemplo: (15,623, quince mil seiscientos veintitrés)

1)

2)

3)

📖 この課で学習したこと

1. 直説法現在規則形 –ar 動詞、–er 動詞、–ir 動詞それぞれの語尾の活用を言ってみよう！

2. 目的格人称代名詞の形と語順：「君は私／彼にそれ（本）をプレゼントする」と言ってみよう！

3. 時間：今の時刻をとなり同士で聞きあおう！

4. 数字：912,567 をスペイン語で書いてみよう！

冠詞と無冠詞

　不可算名詞が目的語になるとき、「習慣」の意味では、基本的にその名詞全般を指す無冠詞単数を用います（これは定冠詞の省略と考えられています）。

　¿Tomas café?（君はコーヒー飲む？）— No, yo no tomo café.（いや、僕はコーヒーは飲まない）

一方で、「近未来」を表す場合は、無冠詞でも不定冠詞でも言うことができます。

　¿Qué tomas?（何飲む？）— Tomo café.（コーヒーを飲むよ）／Tomo un café.（コーヒー 1 杯飲むよ）

　可算名詞の場合は、libro のように物であり、具体性の高いものは習慣の意味でも無冠詞複数が基本です。

　¿Lees libros?（君は本を読む？）

　一方で、より抽象的なジャンルを表すような periódico のような名詞では無冠詞単数が普通です。

　¿Lees periódico?（君は新聞を読む？）

　まとめると、無冠詞単数というのはより抽象的で概念的であり、無冠詞複数になるとより具体的で個別的なグループを指し示すことになります。

Lección 6
Hay 存在文・不定語・否定語・前置詞・gustar 型動詞
前置詞格人称代名詞

1 hay 存在文

1-1 hay: haber 動詞の特殊な活用形（単複同形・不変化）

不特定なものの存在の有無（～がある、～がいる）、数量を表す。

¿Qué hay en la sala? —Hay <u>una</u> mesa y <u>cinco</u> sillas.

Hay <u>mucha/poca</u> gente en la plaza.

具体的な数量を言わない場合

¿Hay tren de Madrid a León?

— Sí, hay. / No, no hay.

No hay problema.

No hay duda.

✎EJ1

1) ¿Cuántos libros (　　　　　) en tu casa?

2) (　　　　　) muchos/pocos libros en (　　　　) casa.

3) ¿Hoy (　　　　) clase? — No, (　　　　) (　　　　) clase.

4) (　　　) (　　　　) agua en la jarra. 水差しにはわずかな水しかない。

5) (　　　) (　　　　) (　　　　) en la ciudad. 街にはたくさんの人がいる。

1-2 hay と estar 動詞の比較（「場所に名詞がある」と「名詞は場所にある」）

Hay una estación de metro cerca de mi casa. / La estación de metro está cerca de mi casa.

Hay unos ordenadores en el aula. / Tu ordenador está en el aula.

✎EJ2

1) ¿Dónde (　　　　) mi bolsa? — (　　　　　) debajo de la silla.

2) (　　　　) muchas cafeterías (　　　　) mi ciudad.

3) ¿Qué (　　　) en la sala? — (　　　　) una mesa y cuatro sillas.

4) ¿Dónde (　　　　) un banco? — (　　　　) uno cerca de la plaza.

5) Nuestra universidad (　　　　　) cerca de la estación.

2 不定語〈1〉・否定語

¿Hay **alguien** en la sala? — Sí, hay **alguien**. / No, no hay **nadie**.

Dos kilos de naranjas y un kilo de arroz, por favor. — ¿**Algo** más? — **Nada** más.

¿Hay **algún** problema? — No, no hay **ningún** problema. / No, no hay **ninguno**.

【代名詞（性数変化なし）】

alguien	nadie	人に対してのみ使用。「誰か」「誰も～ない」
algo	nada	中性の代名詞。「何か」「何も～ない」

【形容詞（性数変化あり）／代名詞】

alguno (algún)	ninguno (ningún)	形容詞として男性単数名詞の前に置かれる時には -o が脱落する（algún, ningún）。代名詞として独立している場合は -o は失わない。cf. 不定冠詞

✎EJ3

1) ¿Hay (誰か_____) en el baño? — No, no (_____)(_____).

2) ¿Tomas (何か_____)? — No, no (_____)(_____).

3) ¿Hay (_____) pregunta? — No, no (_____)(_____).

4) ¿Hay (_____) en la nevera? — Sí, (_____)(_____) de comer.

5) (誰か_____) te llama a la puerta.

6) ¿Hay (_____) problema? — No, (_____)(_____)(_____).

否定副詞 tampoco (⟷ también) nunca

Pablo no habla francés. Ana **tampoco** habla francés. (= Ana no habla francés **tampoco**.)

José siempre fuma. Pero Mercedes **nunca**. (= No fuma **nunca**.)

*否定語は動詞の前にくると no は不要になり、動詞の後にくる時は動詞の前に no を置く。

否定を強調する接続詞 ni, no～ ni～ (ni ⟷ y)

¿**No** comes **ni** bebes nada? — **No**, **no** como **ni** bebo nada antes del examen de sangre.

No soy estudiante **ni** profesor. Soy abogado.

✎EJ4 Ejemplo: Mi hija no escribe (**ni**) lee Kanji.

1) Yo no fumo. ¿Y tú? — Yo (_____) fumo.

2) Pedro no es desagradable (_____) grosero. Es muy simpático.

3) Pedro no llega tarde (_____). (= Pedro (_____) llega tarde.)

4) Casi no leo periódicos (_____) revistas.

Lección 6

🎧 1-71 **3** 前置詞

a 空間・時間的に「点」的なイメージ	※語形変化 a+el → **al**
時点	¿**A qué** hora desayunas tú? — Desayuno **a** las siete y media.
目的地点	¿**A dónde** corres? — Corro **a** la estación.
直接目的語を示す（人の場合）	¿**A quién** visitas? — Visito **a** Pedro. ¿**A quién** espera usted? — Espero **al** señor García.
con 主体の動作に伴う人やもの	
随伴（〜と）	¿**Con quién** bailas tú? — Bailo **con** ella.
手段・道具	¿**Con qué** comen? — Comemos **con** palillos.
de 出どころや帰属先を表す	※語形変化 de+el → **del**
起点	¿**De dónde a dónde** viajas en coche? — Viajo **de** Madrid a Barcelona.
所有・所属	¿**De quién** es este libro? — Es **de** María./ Es mío.
材料	¿**De qué** es la mesa? — Es **de** madera.
en 時間・空間的にその中で動作が行われる領域を指定する	
領域・場所	¿**En qué** calle viven ustedes? — Vivimos **en** la Calle de Alcalá.
幅のある時間	¿**En qué** año (mes) estamos? — Estamos **en** 2022 (enero).
手段・方法	¿**En qué** idioma hablan en el congreso? —Hablamos **en** español.
por ある結果に至るまでの要因や経路を表す	
原因	**Por** la tormenta cancelamos el viaje.
理由	¿**Por qué** cantáis? — Cantamos porque estamos alegres.[2]
周辺	¿Hay un parque **por** aquí?
経由地	Este autobús pasa **por** esta calle hasta la estación.

----

1. スペイン語では、英語と違い、日付や曜日を言う場合に前置詞は使いません。
   ¿Cuándo estudias? — Estudio los lunes y los miércoles. ¿Cuándo viajas? — Viajo el 11 de mayo.
2. ¿por qué?（なぜ）の質問の答えとしての porque（なぜならば）は一語でアクセントなし。

36

4 gustar 型動詞

4-1 間接目的格（人称代名詞）を必要とする gustar 型動詞

① ¿Te **gusta** el béisbol? ― Sí, me **gusta** mucho.

② ¿Le **interesa** la pintura española? ― Sí, me **interesan las** obras de Picasso.

③ Me **duele** el estómago. / Le **duelen** los dientes.

④ Me **parecen** difíciles los exámenes. (Los exámenes me parecen difíciles.)³

　　　¿Qué te **parece** el programa? ― Me **parece** bien.

　　　¿Qué te **parecen** estos pantalones?⁴ ― Me **parecen** estupendos.

4-2 ［間接目的格（人称代名詞）＋動詞＋主語］

西語の構文上	間接目的格	動詞	主語（好嫌・評価の対象）
日本語の意味上	主語:「〜は」	好きです	目的・対象:「〜が・に」
(no)	me te le	gusta	el fútbol. cantar y bailar.* el flamenco.
	nos os les	gustan	los perros. los dulces. las manzanas.

＊不定詞句が2つ以上の場合も動詞は一般に3人称単数形。

✎EJ5　Ejemplo: ¿**Te gustan** los pasteles? ― Sí, <u>**me gustan**</u>.

1) ¿Te gusta jugar al béisbol? ―Sí, _____.

2) ¿Os gustan los gatos? ― No, _____.

3) ¿Te interesan las obras de Gaudí? ― Sí, _____.

4) ¿Te duele la cabeza? ― No, _____.

5) ¿Qué te parecen los exámenes de la universidad? ― _____

6) ¿Qué te parecen los platos españoles? ― _____ muy ricos.

---

3. ［間接目的格＋parecer＋形容詞＋主語］という構文。この文の形容詞は ser の補語 (son difíciles) と同様に、主格補語です。

4. 「どう思う？」は ¿Qué te parece?、日本語の「どう？」に惑わされて ¿Cómo? を使用しないように注意。

5 前置詞格人称代名詞〔前置詞 (a/con/de/en/por...) + 前置詞格〕

質問に対する応答等の場合、目的格人称代名詞を使わず前置詞のみを使うことがある。

¿De quién hablas? — Hablamos de ti. — ¿De mí?

¿Con quién bailas? — ¡Bailo contigo! — ¡¿Conmigo!?

主格	前置詞格
yo	**mí**
tú	**ti**
mí, ti 以外は主格と同一	

con との連結　　con + mí → 　conmigo

　　　　　　　　con + ti → 　contigo

 6 前置詞句のある **gustar** 型動詞文〔前置詞 **a** + 前置詞格・主格・人〕

1人称・2人称では強調として使われることもあり、3人称ではその内容を明確に示すために用いられる。

A mí no me gustan los dulces. ¿**A ti** te gustan? — **A mí** sí.

¿**A ti** te gustan los gatos? — Sí, **a mí** me gustan mucho. A María también le gustan.

¿A ustedes les gusta viajar en autobús? — **A mí** no me gusta. — **A mí** tampoco.

📝**EJ6**　**Ejemplo**: A __mí__ no __me__ gustan los animales.

1) A _____ me gustan los gatos. —A _____ _____. (私もです。)

2) _____ mi hermano mayor _____ interesa la literatura japonesa.

3) A _____ no me gustan las zanahorias. —A _____ _____. (私もです。)

4) ¿A _____ te gustan los deportes? — Sí, _____ _____ mucho.

5) ¿A _____ le gusta ir de compras? —A mí no _____ _____ mucho.

6) A ella no _____ _____ mucho las verduras.

📝**EJ7**　**Ejemplo**: A mí me gusta la pizza. ¿A ti te gusta?

　　　　　— Sí, a mí también me gusta. / A mí no.

¡Vamos a practicar en parejas!

Ejemplo	1)	2)	3)	4)	5) 何でも

友達とおしゃべりする：charlar con amigos　お祭り・パーティーで踊る：bailar en la fiesta
ネットで買い物する：hacer compras por internet　写真をとる：sacar fotos
カラオケで歌う：cantar con karaoke　旅行する：viajar

Lección 6

DIÁLOGO

1-78

¡Vamos a practicar en parejas!

A: ¿Hay (a)muchas cafeterías en tu ciudad? — B: Sí, _____ . / No, no _____.

A: ¿(b)Cuántas mesas hay en esta aula? — B: Hay _____

A: ¿Hay (c)algún problema?

　　— B: Sí, _____ . / No, no _____.

*形を変えながら練習しよう。答えの形に気をつけよう。

(a) museos, universidades,...　　(b) sillas, alumnos, ventanas,...　　(c) pregunta

EJ8　隣の友達と次のことについて質問し合いなさい。

1) gustar を使って好きなこと・ものを尋ねる

2) interesar を使って興味のあること・ものを尋ねる

Vocabulario

○ **cuatro estaciones**（四季）

1-79

| 春　primavera | 夏　verano | 秋　otoño | 冬　invierno |

アーモンドの花　　　　マジョルカ島　　　　リオハ州ブドウ畑　　　　冬のセゴビア

(以上すべてスペインの春夏秋冬)

📖 この課で学習したこと

1. Hay の用法： 「教室に誰かいる？」「いや、誰もいないよ」と言ってみよう！

2. 不定語・否定語の用法：「質問ありますか？」「いいえ、ありません」と言ってみよう！

3. 前置詞：「君は何時にご飯を食べる？」と質問してみよう！

4. gustar 型動詞：「僕は犬が好きじゃない」「私も好きじゃない」と言ってみよう！

5. 前置詞格人称代名詞：「私はサッカーが好きです」「私もです」と言ってみよう！

Lección 7

直説法現在不規則変化動詞：A 型 (ir)・B 型・D 型 (tener)

1 直説法現在不規則変化動詞　不規則にも規則性があることを理解しよう

A）**特殊な不規則変化動詞**：ser, estar, ir

B）**1 人称単数のみが不規則な変化をする動詞**：dar, ver, hacer, poner, traer, salir, saber, conocer, traducir など

C）**語幹母音変化動詞 (é) → ie, (ó) → ue, (é) → i, (ú) → ue**：
pensar, querer, sentir, poder, dormir, volver, seguir, pedir, jugar など

D）**B と C の複合不規則動詞**：tener, venir, decir, elegir など

E）**母音＋ir 動詞で語尾の母音 i が y になる不規則動詞 (-uir)**：construir, destruir, concluir, contribuir など

F）**B と E の複合不規則動詞**：oír[1]

2 〈A〉特殊な不規則変化動詞

2-1 動詞 ir の活用　　*¡OjO!*　ir はとても良く使う動詞

ir			
yo	voy	nosotros / nosotras	vamos
tú	vas	vosotros / vosotras	vais
él, ella, usted	va	ellos, ellas, Uds.	van

＊ir の語尾変化はアクセントをのぞけば estar と同じ 1 音節なので vosotros の活用にアクセント符号がない。

2-2 [ir a 場所]　～に行く　　*¡OjO!*　「どこに？」と聞くときは a が要るよ！

¿A dónde va María? — (　　　　　　) a la universidad.

¿A dónde vas? — (　　　　　　) al cine.

2-3 [ir a 不定詞 infinitivo] ～するつもりだ（近い未来、意志）

¿Qué vas a hacer hoy? — (　　　　　　) a estudiar español.

¿Qué va a hacer usted mañana? — (　　　　　　) a ir a Tokio.

---

1. この本では B 型の -ducir (traducir など) と、E 型と、F 型は扱いません。

2-4 ［**vamos a** 不定詞 infinitivo］ ～しよう、～しましょう（勧誘） 1-81

¡Vamos a cantar! / Vamos a descansar un rato.

✎**EJ1**　**¡Vamos a practicar en parejas!** 1-82

1) **Ejemplo:** ¿A dónde vas? — Voy a la universidad.

¿A dónde vais? — Vamos a la casa de mi abuela.

銀行、図書館、友達の家、食堂、○○駅など

【el banco, el comedor, la estación de ～, la biblioteca, el cine】

2) **Ejemplo:** ¿Qué vas a hacer? — Voy a leer libros.

ご飯を食べる、コーヒーを飲む、友達とおしゃべりする、図書館で勉強するなど

【estudiar en la biblioteca, comer, tomar café, charlar con mis amigos】

3 〈B〉１人称単数のみが不規則な変化をする動詞

3-1 dar, ver, saber, hacer, salir, conocer の活用

	dar	ver	saber	hacer	salir	conocer
yo	doy	veo	sé*	hago	salgo	conozco
tú						
él, Ud.						
nosotros			sabemos			
vosotros	dais**	veis**		hacéis		
ellos, Uds.						

* 代名詞 se との区別はアクセント符号の有無で区別。

** dar, ir の語尾変化は estar と同じ。１音節なので vosotros の活用にアクセント符号がないことに注意。

3-2 dar ［dar 物 a 人］ 人に物を与える 1-83

Doy una revista a María.　¿Nos dais estas tartas? — Sí, os las damos.

✎**EJ2**　　**Ejemplo**: ¿Le (**das**) tu libro (**a**) José? — Sí (**se**) (**lo**) (**doy**). 1-84

1) ¿Le (　　　) aquellas flores (　　　) tu madre? —Sí, (　　) (　　) (　　　　).

2) ¿Me (　　　) usted su bicicleta a mí? — No, no (　　) (　　) (　　　).

3) ¿Nos (　　　) ustedes esa maleta? — Sí, (　　) (　　) (　　　).

4) ¿Qué (ᵢᵣ　　) (　　　) dar tú (　　　) Carmen para su cumpleaños?

　— (　　) (　　　) (　　　) dar una cartera.

✎EJ3 ¡Vamos a practicar en parejas!

Ejemplo: ¿Me das este libro? — Sí, te lo doy. / No, no te lo doy.

¿Le das este libro a tu amiga? — Sí, se lo doy. / No, no se lo doy.

【esta tarta, esas flores, estos bombones, un clínex, esta revista, ese bolígrafo...etc.】

3-3 **ver** 見える、見る、（人に）会う

¿Ves aquella casa? — Sí, la (   ). / No, no la (   ).

Vemos la televisión todos los días.

¿Usted va a ver al profesor Gallego esta tarde? — Sí, voy a verlo. / No, no voy a verlo.

✎EJ4   **Ejemplo**: ¿(**Ves**) aquel edificio? — Sí, (**lo**)(**veo**).

1) ¿(   ) tú aquella montaña? — No, no (   )(   ).

2) ¿(Tú) Qué ($_{ir}$)(   ) hacer hoy? — ($_{ir}$)(   ) ver (   ) mi amiga.

3) ¿ (   ) ustedes la noticia todos los días? — Sí, (   )(   ).

3-4 **hacer** する、作る

① ［hacer（行為名詞）］ する

¿Haces ejercicio? — Sí, lo hago. / No, no lo hago.

¿Qué vas a hacer en las vacaciones? —Voy a trabajar mucho para ganar dinero.

② ［hacer 物名詞］ 作る

¿María va a hacer una tarta? — Sí, va a hacerla (la va a hacer).

③ ［hacer 期間 que ～］ ～してから…経つ

Hace dos años que vivo aquí. / Hace tres meses que estudias español.

✎EJ5   **Ejemplo**: ¿(**Haces**) ejercicio? — Sí, (**lo**)(**hago**).

1) ¿Qué (   )(tú) aquí todo el día? — Pues (   ) muchas tareas de la universidad.

2) ¿(   )(tú) este pastel para mí? —No, (   ) (   ) para Jorge.

3) ¿Cuánto tiempo (   ) (   ) viven ustedes en Japón?

— (   ) un mes (   ) (   ) en Japón.

3-5 **salir** (+de) 出る、去る、出かける

¿A qué hora sales de casa? — (   ) de casa a las siete.

¿Sales de compras? / ¿(   ) usted de viaje? — Sí, salgo. / No, no salgo.

Lección 7

✎**EJ6**　**Ejemplo**: ¿ A (**dónde**)(**sales**)(**tú**)? — (**Salgo**) a la casa de mis abuelos.　◠1-91

1) ¿A (　　　) hora (　　　　)(tú) de casa los lunes? — (　　　　)(　　　　) las ocho.

2) ¿Qué (ir　　　)(tú) a hacer mañana? — (ir　　　) a (　　　　) con mi novia.

3) ¿(　　　　)(vosotros) de compras? — Sí, (　　　　　).

3-6 saber （知識として）知っている　　　　　　　　　　　　　　　◠1-92

① ［saber 名詞／que 節］　情報

¿Sabes su número de teléfono? — Sí, lo sé. / No, (　　) (　　) (　　).

¿Usted no sabe que José es el hijo de mi primo? — Sí, (　　　) (　　　).

¿Qué saben (ustedes) de Colombia?[2] — No (　　　　) nada de Colombia.

② ［saber 不定詞］　～できる（技能、能力可能）

¿Usted sabe nadar? — Sí, por supuesto. Pero hoy no puedo, porque estoy resfriado.

¿Tú sabes tocar el piano? — Sí, (　　　) tocarlo. / No, no (　　　) tocarlo.

③ ［saber 疑問節］　間接疑問文を導く

No sabemos por qué ellos estudian tanto.

✎**EJ7**　**Ejemplo**: ¿(**Qué**)(**sabes**)(**tú**) de ella? — No (**sé**) nada .　◠1-93

1) ¿(　　　　)(tú) su dirección de e-mail? — No, no (　　　)(　　　).

2) ¿(　　　　)(usted) dónde (　　　　　) las llaves? — Están encima de la mesa.

3) ¿(　　　　)(ustedes) tocar el piano? — Sí, (　　　　) tocarlo.

4) ¿(　　　　)(tú)(　　　) ella está enamorada de Alejandro. — ¿En serio?

不定詞と目的格人称代名詞の結合

以下のように、不定詞があるときに目的格代名詞を不定詞の後ろに結合させることがあります。このとき、動詞部分を明確にするために、動詞原形のアクセントを保つ点に注意します。

Pedro le va a regalar estas flores a María.

1) Pedro le va a regalar estas flores (a María).

2) Pedro va a regalarle estas flores (a María).

3) Pedro va a regalárselas (a María).　　　**¡OjO!**　アクセント符号がつく！

2.　この文における de は、関係・関連を表し、「ある範疇の中で」、「〜に関して」、という意味を表している。

3-7 conocer（経験として）知っている

① 面識　直接目的語が特定の人・不定語・疑問詞のときは前置詞 **a** で明示する

¿Conoces a la profesora López? — Sí, ( )( ). / No, no ( )( ).

② 経験・見聞

¿Ya conoce usted España? — Sí, ya ( )(España)^3. / No, todavía no ( ).

✎EJ8　Ejemplo: ¿(**Conoces**)(**a**) Lucía? — No, no (**la**)(**conozco**).

1) ¿( ) ustedes ( ) la señora Martín? — Sí, ( )( ).

2) ¿( ) usted México? — No, no ( ). Quiero ir algún día.

3) ¿( )(tú)( ) alguien en este grupo? — No, no ( ) a ( ).

4) ¿A quién ( ) usted de mis colegas? — ( ) a María y Pedro.

4 〈D〉複合不規則変化動詞 tener　　¡OjO!　tener もとても良く使う動詞

tener			
yo	tengo	nosotros / nosotras	tenemos
tú	( )	vosotros / vosotras	tenéis
él, ella, usted	tiene	ellos, ellas, ustedes	( )

4-1 ［tener 物名詞／時間／年齢］　所有

¿Tienes tiempo esta tarde? — No, estoy ocupado/a.

¿Cuánto dinero ( ) ahora? — Ahora no tengo mucho dinero.

¿Cuántos años tienes? — ( ) veintidós años.

4-2 ［tener 身体の状態名詞］〈hambre, sed, fiebre, frío, calor, sueño, diarrea〉

¿Tenéis hambre? — No, no ( ) tanta hambre por ahora.

4-3 ［tener 感情名詞］〈vergüenza, miedo, cariño, respeto〉

(Yo) ( ) vergüenza de cantar en público.

Mi esposa ( ) mucho miedo a los bichos.

4-4 ［tener que 不定詞］　必要（〜しなければならない）→ cf. P.54

¿Qué vas a hacer hoy? — ( ) ( ) hacer muchas tareas.

Ustedes ( ) ( ) salir temprano mañana.

---

3. 人が目的語の場合には必ず目的格人称代名詞で表示するが、固有名詞である場所や国などの場合には通常そのままくり返されるか、省略される。一方、こうした場合にも目的格人称代名詞が必要であるとする話者もいる。

DIÁLOGO

1-97

¡Vamos a practicar en parejas!　tú（君）で会話しよう！

1)　A:　¿Cuántos años tienes?

　　B:　Tengo dieciocho años.

　　A:　¿(　　　　　　　) hermanos?

　　B:　Sí, (　　　　　　).

　　A:　¿Cuántos hermanos (　　　　　)?

　　B:　(　　　　　　　) un hermano mayor y dos hermanas menores.

2)　A:　¿Qué te pasa? ¿Tienes hambre?

　　B:　No, no tengo hambre...

　　A:　¿(　　　　　　) sueño?

　　B:　No, no (　　　　) sueño... (　　　　　　) dolor de cabeza desde ayer...

　　A:　¿Estás bien? (　　　　　) que ir al médico.

　　B:　Pues sí... Tienes razón...

Canción (Vamos a cantar)

　<u>Vivir mi vida</u>　(Marc Anthony)

Voy a reír, voy a bailar, vivir mi vida lalalalá
Voy a reír, voy a gozar, vivir mi vida lalalalá ...
A veces llega la lluvia para limpiar las heridas

この課で学習したこと

1. ir の活用：「どこに行くの？」「家に帰るよ」と言ってみよう！

2. ir の未来の用法：「明日何をするの？」と質問しあおう！

3. dar の活用と用法：「私にこの紙くれるの？」「うん、あげるよ」と言ってみよう！

4. tener の活用と用法「君何歳？」「兄弟はいる？」と質問しあおう！

Lección 8

直説法現在不規則動詞 **C** 型・**D** 型

1 〈**C**〉語幹母音変化動詞

1-1 語幹母音変化する動詞 **(é) → ie、(ó) → ue、(é) → i、(ú) → ue**

✎**EJ1** 語幹母音の変化に注意して表を完成させよう

	(é) → ie			(ó) → ue	(é) → i	(ú) → ue
	pensar	**querer**	**sentir**	**poder**	**pedir**	**jugar**
yo	pienso			puedo		
tú	piensas		sientes			
él, ella, usted		quiere				
nosotros	pensamos			podemos	pedimos	
vosotros	pensáis					jugáis
ellos/as, Uds.	piensan				piden	

🎧 2-1

1-2 **pensar** 思う、考える

① ［**pensar en ～**］ ¿En qué (　　　　　) tú? — (　　　　) en ti.

② ［**pensar que ～**］ ～と思う

¿(　　　　) usted que la economía japonesa está en deflación? — Sí, lo (　　　　).

③ ［**pensar 不定詞 inf.**］ ～しようと思う

¿(　　　　) aprender español? — Sí, lo pienso aprender. / No, no lo pienso aprender.

　　　　　　　　　　　　　　　　 — Sí, pienso aprenderlo. / No, no pienso aprenderlo.

🎧 2-2

1-3 **querer** ～が欲しい、～を愛する

① ¿Qué (　　　　　)? — Quiero 1 (un) kilo de carne.

② Mercedes (　　　　) a José. Yo te (　　　　) mucho.

③ ［**querer 不定詞 inf.**］ ～したい

¿Qué quieres tomar? — Voy a tomar un café cortado.

¿Qué (　　　　　) hacer usted este fin de semana?

— (　　　　) jugar al fútbol con mis amigos.

(Yo) (　　　　　) hablar contigo. — ¿Quieres hablar conmigo?

✎EJ2 **¡Vamos a practicar en parejas!**

Ejemplo: ¿Qué quieres? — Quiero un café.

【ヒント : una manzana, agua, chocolate, un helado, una cerveza】

Ejemplo: ¿Qué quieres hacer? — Quiero ir a casa.

【ヒント : comer algo, tomar refresco, ir al baño, ver la televisión, salir con mi novio/a】

✎EJ3 **¡Vamos a practicar en parejas!** tú（君）で会話しよう！

A: ¿A dónde (ir   )(tú) a ir este verano?

B: (   ) a ir a España.

A: ¿A dónde (querer   )(tú) ir en España?

B: (querer   ) conocer la Sagrada Familia.

A: Ah, la catedral muy famosa de Gaudí.

B: Sí. También (pensar   ) visitar sus obras en la ciudad.

1-4 **sentir** 〈を〉感じる、残念に思う

(Yo) (   ) <u>frío</u> porque la puerta está abierta.

《calor, alegría, tristeza, miedo, peligro》

¿Puede usted ayudarme? — Lo (   ) mucho. No puedo ayudarlo ahora.

1-5 **poder**

① ［poder 不定詞 inf.］状況可能「（ある状況のため）できる／できない」

¿Sabe usted nadar? — Sí, sé nadar. Pero hoy no (   ) porque estoy resfriado/a.

② ［poder 不定詞 inf.］（疑問文で）依頼、許可

¿(Tú) (   ) abrir la ventana? — Sí, ¡cómo no!

¿Puedo entrar? — ¡Adelante!

✎EJ4 **¡Vamos a practicar en parejas!**

Ejemplo: ¿Puedes abrir la ventana? — Claro que sí. / Lo siento, pero no puedo.

【ヒント : escribir tu nombre aquí, ir al banco, estar aquí conmigo, prestarme dinero】

✎EJ5 **¡Vamos a practicar en parejas!**

Ejemplo: ¿Puedo entrar? — Claro que sí. / No, no puedes.

【ヒント : usar tu diccionario, comer en el aula, estudiar aquí, ir al baño, abrir la ventana, salir con tu hermano/a】

Lección 8

1-6 **pedir** (を) 注文する、頼む、(助けなどを) 求める

① ¿Qué pides? — (　　　　　　) un café y una tarta de chocolate.

Cuando Pedro come en este restaurante, siempre (　　　　　　) asado.

② (Yo) Te (　　　　　　) perdón por no poder terminar.

2-9

✎**EJ6**　**¡Vamos a practicar en parejas!**　メニューを見て会話しよう！

Ejemplo:

A:　¿Qué pides?

B:　Pido un café. ¿Y tú qué pides?

A:　Yo tomo un jugo de naranja.

　　¿Y qué vas a comer?

B:　Voy a comer el plato del día.

　　¿Y tú qué quieres comer?

A:　Yo como unos tacos.

　　¿Qué hay de postre?

B:　Hay＿＿＿＿＿＿＿＿＿＿＿.

A:　Yo pido＿＿＿＿＿＿＿.

B:　Entonces yo también.

el Menú

Bebidas	Comidas
Café con leche	Plato del día
negro	Hamburguesa
cortado	Carne asada
americano	Tacos
Té con leche	Cebiche
con limón	
Jugo de naranja	**Postres**
de manzana	Helado de vainilla
	de frutilla
	de chocolate
	Flan casero

2-10

1-7 **jugar** 遊ぶ、(競技・試合を) する

Los niños (　　　　　) en el jardín.

¿Juegas al béisbol? — Sí, (　　　　　).

---

tú と usted

　スペイン語には、話し相手 (聞き手) に対し、tú (vosotros) と usted という２つの話しかけ方があり、相手との関係によってこれを使い分けています。どのような相手にどのような場面でどちらを用いるかには地域差などもあり、一概には言えませんが、基本的に tú というのは友達や仲間、家族などの親しい関係に用いるのに対し、初めて会った相手など、相手と距離を置いて丁寧に話しかけるときには usted を用います。

　私的な会話の場では、はじめ usted であいさつが始まっても、すぐに tú に切り替えて話すのが好まれます。商談などにおいても、一定の信頼関係が成立すると tú に切り替えます。また、大学などでも、授業中、学生に usted で話していた教授が、教室を出ると同じ学生に tú と話しかけることもあります。教室は公的な場ということなのでしょう。

2 〈**D**〉 複合不規則変化動詞（**B+C**）

要素 〈**B**〉　　1 人称単数のみ変化する　**-go, -jo**[1]

要素 〈**C**〉　　語幹母音が変化する　(é)→ie: **tener, venir**　　(é)→i: **decir, elegir**

2-1 1 人称単数の特殊な変化+語幹母音が **(e) → ie, (e) → i** に変化する動詞

　　　1 人称単数形と語幹母音の変化に注意して表を完成させよう

	(e) → ie	(e) → i
	venir	**decir**
yo	ven**go**	di**go**
tú		
él, ella, usted	vi**e**ne	
nosotros / nosotras		
vosotros / vosotras		decís
ellos, ellas, ustedes		

2-2 **venir** 来る

2-11

　　　　* ir（行く）⇔ venir（来る）日本語にほぼ対応。

Voy al concierto esta noche. ¿Quieres venir conmigo?

— Sí, quiero ir contigo con mucho gusto.

Mi colega va a venir aquí la semana que viene. (el mes que viene; el año que viene)

¿De dónde (　　　　　) usted? — (　　　　　) de la biblioteca.

✎**EJ7**　　**¡Vamos a practicar en parejas!**

2-12

Ejemplo: ¿Cómo vienes a la universidad? — Vengo en bicicleta.

¿Con quién vienes? — Vengo con mi amigo/ solo. ¿Y tú cómo vienes?

【ヒント：en metro, en tren, a pie, en autobús】

---

1. elegir（選ぶ）、corregir（間違いを訂正する）の 1 人称単数はそれぞれ elijo, corrijo となる。

2-3 **decir** 言う・述べる・話す、＋ 接続詞 **que** ＋ 名詞節（英：that 節）／知らせる

① María (　　　　　　) la verdad.

　Pedro no te (　　　　　　) mentiras.

② José (　　　　　) que es de Panamá.

　(Yo) Te (　　　　　) que María va a visitarnos. ― ¿Me lo dices en serio?

✎EJ8　次の日本語をスペイン語にしなさい。

1) 君には本当のことを言うよ。

2) 彼は僕にいつも（siempre）うそを言う。

3) 明日、うちの両親がここに来るって君に言っとくよ（僕は君に言う）。

LECTURA

La comida de España y Latinoamérica

Entre las comidas españolas y latinoamericanas hay muchos platos famosos. Por ejemplo, la paella, los churros, el ajillo, el jamón ibérico, la tortilla de patatas, los tacos, la tortilla de maíz, el chorizo, el asado, el ceviche, etc.. Tal vez conoces algunas de ellas.

Paella (comida española)

Posiblemente, entre las comidas españolas la paella es la más conocida, tanto en Japón como en todo el mundo. Es una comida típica de España y existe una gran variedad de sus recetas. Cualquiera de ellas incluye el arroz, las verduras y el aceite de oliva. Aparte de estos ingredientes, los cocineros usualmente ponen pescado, carne o gambas (camarones), depende de la receta.

Tacos (comida mexicana)

Los tacos *se preparan con la tortilla de maíz. Normalmente llevan carne, tomate, cebolla, lechuga y queso con una salsa de sabor particular. Como Nagoya y la Ciudad de México son ciudades hermanas, una vez al año en el almuerzo escolar en Nagoya *se ofrece un plato de tacos.

* ここは事物が主語の se の構文で、受動態を表す（「作られる」「提供される」）。Cf. P.74

Lección 8

Papa (alimento fundamental en los Andes)

¿Sabes que la papa procede originalmente de la región andina de Sudamérica? Hoy en día *se extiende por todo el mundo y **es usada para diversas comidas. Existen muchas variedades de papas: amarilla, negra, blanca, rosada, pequeña, redonda, oval, etc.. ¿Quieres probarlas y conocer sus diferencias?

* se extiende : extender（広げる）に se がついて自動詞（「広まる」）になったもの。Cf. P.53
** es usada : ser + 過去分詞で受動態を表す（「使われる」）。Cf. P.59

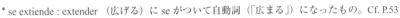

身体の部分　cuerpo

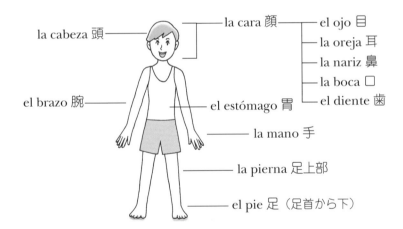

la cabeza 頭

la cara 顔

el ojo 目
la oreja 耳
la nariz 鼻
la boca 口
el diente 歯

el brazo 腕

el estómago 胃

la mano 手

la pierna 足上部

el pie 足（足首から下）

この課で学習したこと

1. 「君のことをいつも考えている。君のことが好きだ」と言ってみよう！
2. 「今晩友だちと出かけてもいい？」と言ってみよう！
3. どうやって大学に来るか、質問しあおう！
4. 「申し訳ない」と言ってみよう！
5. その他、pedir, jugar, decir も忘れないようにしよう！

Lección 9

再帰動詞・義務の表現・比較級・最上級・同等比較

1 再帰動詞 verbos reflexivos

再帰動詞とは、自分自身を表す se という再帰代名詞と動詞が一体となって１つの意味を表す特殊な動詞である。再帰動詞の用法のおよそ８割は他動詞を自動詞化する機能を果たしている。他動詞（能動態）が、主語が他の対象に働きかける動作を表すのに対し、再帰動詞（中動態とも呼ばれる）は主語が動作を行う主体でもあり同時に対象でもある、という事態を表す。

¡OjO! 再帰代名詞は動詞と一体となって変化しながら一つの意味を表すよ！

他動詞（能動態 activa）　　　再帰動詞（中動態 media）　　　受身（受動態 pasiva）

働きかけ

主語 sujeto　　　　　　　主語　　　　　　　　　主語

活用　　３人称は常に se。３人称以外は間接・直接目的格人称代名詞と同形を使う。

主格	levantarse		acostarse	irse
yo	**me** levanto	(	)	( )
tú	**te** levantas	(	)	( )
él, ella, usted	**se** levanta	(	)	( )
nosotros/as	**nos** levantamos	(	)	**nos** vamos
vosotros/as	**os** levantáis	**os** acostáis	)	( )
ellos, ellas, ustedes	**se** levantan	(	)	( )

用法　　　**¡OjO!** およそ８割は他動詞を自動詞化する働きをする

① 再帰代名詞が直接目的語相当

Pedro se levanta temprano. ペドロは早く起きる。（自動詞化）

   Cf. Pedro levanta a María. (Pedro la levanta.) ペドロはマリアを起こす。（他動詞）

(llamarse)　　　　¿Cómo te llamas? – Me llamo Gloria.

(acostarse)　　　　¿A qué hora (____ _____) usted normalmente?

　　　　　　　　　— (____ _____) a las doce.

✎**EJ1**　　llamarse, bañarse, sentarse など、活用を練習してみよう。

52

② 再帰代名詞が間接目的語相当（行為や影響が及ぶ間接対象）[1]

Yo me quito la chaqueta. 私は上着を脱ぐ。

    Cf. Yo le quito la chaqueta a mi hija. (Yo se la quito.) 私は娘の上着を脱がせる。

(lavarse)   Yo (___ _____) el pelo cada dos días. (Me lo lavo cada dos días)

(limpiarse)   ¿Te limpias los dientes después de comer?

            — Sí, (___ _____ _____).

✎EJ2   **¡Vamos a practicar en parejas!**

1) ¿Cómo (llamarse   )?

2) ¿A qué hora (acostarse   ) normalmente?

3) ¿(limpiarse   ) los dientes después de comer?

4) ¿(sentarse   ) en el metro?

③ 相互：主語は必ず複数の動作主、「互いに〜し合う」

A veces se pelean Tomás y Nicolás.

Antonio y Mercedes (quererse   ) de verdad.

④ 物の自然発生的な変化（他動詞の自動詞化）

Esta ventana se abre. (Pero aquella no se abre.)

abrir 開ける → abrirse 開く

romper 割る・壊す → romperse 割れる・壊れる

pegar くっつける → pegarse くっつく

など多数

⑤ 強意：自己領域で完全に動作を完結する意

¿Ya te vas? — Sí, ya me voy.

    Cf. Voy a la universidad todos los días.

✎EJ3   **¡Vamos a practicar en parejas!**

1) ¿A qué hora vas a (levantarse   ) mañana?

2) ¿(bañarse   ) en la mañana o en la noche?

3) ¿Cada cuántos días (lavarse   ) el pelo?

4) ¿Tú y Mercedes/José os queréis?

---

1   身体部位や身につけるもの（ジャケット、帽子など）には所有形容詞（mi, tu など）ではなく定冠詞が付くことに注意。

2 必要・義務の表現 [hay que / tener que / deber ＋不定詞 infinitivo]

スペイン語には次のように、必要を表す2つの表現と義務を表す deber がある。必要を表す表現には［hay que 不定詞］と［tener que 不定詞］があるが、hay は人称や数によって変化しない動詞であり、一般的にしなければならないことを表す。これに対し tener は主語の人称・数によって変化し、主語である人や物にとってそうする必要があることを表す。

肯定		否定	
必要 〜しなければならない	hay que 不定詞	不必要 〜しなくてもいい	no hay que 不定詞
	tener que 不定詞		no tener que 不定詞
義務 〜すべきだ	deber 不定詞	禁止 〜すべきじゃない	no deber 不定詞

必要（一般に）	Hay que quitarse los zapatos en casa.
必要（特定の人が）	Tienes que venir mañana.
義務	Debes estudiar más.
不必要	No hay que pagar. ≒ No tienes que pagar.
禁止	≠No debes pagar.

> ✎**EJ4** hay que は一般論として、tener que は yo や tú を主語にして言ってみよう！
>
> 1) Hay que: estudiar mucho, tomar medicinas, respetar la otra cultura
>
> 2) Tener que: lavarse las manos, comer más, ir al médico, ver al profesor
>
> 3) No deber: tomar tanto, ver tanto el móvil
>
> 4) No tener que: venir mañana, estar aquí, levantarse temprano

3 形容詞・副詞を使った比較級と最上級, 同等比較級 comparativo y superlativo

比較級や最上級は、形容詞や副詞が持つ「程度」を比べるものである。次のような構文で表す。

比較級		más	que	mi madre.
最上級	Soy	el más / la más	**alto** / **alta**	de	la familia.
同等比較		tan	como	mi hermana mayor.

3-1 形容詞・副詞規則形

原級 ： Mi hermano es alto. Mi hermana es guapa.

優等比較級 ： [más ＋ 形容詞・副詞 ＋ que ＋ 比較の対象]

Mi hermano es más alto que mi hermana.

Mi madre se levanta más temprano que yo.

相対最上級 ： [定冠詞 ＋ más ＋ 形容詞 ＋ de ＋ 比較の範囲]

Mi hermana es la más alta de la familia.

✎**EJ5** 【　　　】の中の形容詞を使って練習しよう！

1) **もっと～**： María es (　　　　　　) que José.【alto, inteligente, simpático】

2) **一番～**： Esta casa es (　　　　　　) de la ciudad.【caro, pequeño, antiguo】

絶対最上級 ： 形容詞の前に副詞 muy を置き、修飾する名詞の程度を強調する。

El chico es muy inteligente.

： 形容詞の語尾を -ísimo, -císimo（n, r に続く時）, -bilísimo（ble に続く時）に変える最上級。

alto ＞ altísimo, altísima, altísimos, altísimas

joven ＞ jovencísimo　　　　amable ＞ amabilísimo,

Pedro es ($_{guapo}$　　　　　 ＝ muy guapo). / María es (　　　　　　).

El libro de texto es ($_{fácil}$　　　　　).

La gramática española es (　　　　　　).

✎**EJ6** **¡Vamos a practicar en parejas!**

1) ¿Quién se levanta más temprano, tú o tu madre?

2) ¿Quién es más ocupado, tú o tu hermano/a?

3) ¿Quién es el más alto de tu familia?

4) ¿Cuál es más grande, Japón o España?

3-2 形容詞不規則形

形容詞	比較級
bueno/a/os/as	**mejor/es**
grande/s	**mayor/es**（年齢）、**más grande/s**（大きさ）
pequeño/a/os/as	**menor/es**（年齢）、**más pequeño/a/os/as**（大きさ）

原級 ： Este diccionario es bueno.　　Esta máquina es buena.

比較級 ： Esta máquina es ($_{bueno}$　　　　　) que esa.

　　　　Carmen es menor que Mariana.

最上級 ： Aquel diccionario es el mejor de todos.

　　　　Aquella máquina es la mejor de todas.

✎EJ7　¡Vamos a practicar en parejas!

1) ¿Quién es el mayor de tu familia?

2) ¿Quién es el menor de tu familia?

3) ¿Cuál es mejor, este diccionario o aquello?

3-3 副詞不規則形　性数不変化

副詞	比較級
bien	**mejor**
mal	**peor**
mucho	**más**
poco	**menos**

¿Cómo estás? — Ahora estoy ($_{bien}$　　　　　) que antes.

Jaime come ($_{mucho}$　　　　　) que nosotros.

Carmen baila ($_{bien}$　　　　) que yo.

3-4 同等比較

A) [**tanto/a/os/as** + 名詞 + **como** 〜]

　　Tú tienes tanto dinero como Pedro (tiene).　（不可算名詞）

　　Yo no tengo tantos libros como usted.　　（可算名詞）

B) [**tan** + 形容詞・副詞 + **como** 〜]

　　Mi hermana es tan alta como yo.

　　Estoy tan cansado/a como otros participantes.

✎EJ8　「と同じくらい〜だ」を練習してみよう！

1) Eres ＿＿＿＿＿＿＿＿＿ José.【alto, inteligente, amable, joven】

2) Tu casa es ＿＿＿＿＿＿＿ la mía.【nuevo, antiguo, bonito】

3) No tengo ＿＿＿＿＿＿＿ tú.【bolso, tiempo, camisa】

Lección 9

📝**EJ9** ¡Vamos a practicar en parejas!

同等比較で答えを考えてペアで会話しよう！

1) ¿Quién es más guapo/a, tú o tu padre/madre?

2) ¿Cuál es más cara, esta camisa o esa?

DIÁLOGO

2-22

Chucho	:	Hola, Carmen. ¿Qué te pasa? Me parece que estás ocupada.
Carmen	:	Hoy tengo que hacer un reportaje sobre las costumbres de Japón.
Chucho	:	En Japón hay que quitarse los zapatos al entrar en la casa, ¿verdad?
Carmen	:	Sí. Además tenemos que sentarnos en el tatami *con las piernas recogidas.
Chucho	:	Los japoneses duermen en el colchón sobre el tatami también, ¿no?
Carmen	:	¿Por qué sabes tanto de Japón?
Chucho	:	Porque tengo una novia japonesa.
Carmen	:	¿Cómo se llama tu novia?
Chucho	:	Se llama Yoko. "Yoko" significa la hija del sol.

*con las piernas recogidas: 足を折り畳んだ状態で（正座して）

PREGUNTAS （Diálogo の内容について）

1. ¿Qué tiene que hacer Carmen hoy?

2. ¿Cuándo se quitan los zapatos en Japón?

3. ¿Por qué Chucho sabe tanto de Japón?

📖 この課で学習したこと

1. 再帰動詞：何時に起きるか、寝るか、質問して答えよう！

2. 比較級・最上級：家族の中で誰が一番背が高いか質問して答えよう！

3. 義務・必要：自分がやらなきゃならないことを言おう！

Lección 10
過去分詞・現在完了・現在分詞・現実の条件文
時の副詞節・間接疑問文

1 過去分詞 participio　形容詞的

1-1 過去分詞の変化：修飾する名詞の性数にあわせて語尾が形容詞同様に変化する。

規則形

-ar 動詞		-er 動詞		-ir 動詞	
-ado/a/os/as		-ido/a/os/as			
tomado	tomada	comido	comida	vivido	vivida
tomados	tomadas	comidos	comidas	vividos	vividas

✎**EJ1**　次の動詞を過去分詞にしてみよう！

estar		beber		dormir	
hablar		vestir		ir	

不規則形

不定詞	過去分詞 [1]	不定詞	過去分詞
abrir	**abierto**	morir	**muerto**
decir	**dicho**	poner	**puesto**
escribir	**escrito**	romper	**roto**
hacer	**hecho**	ver	**visto**

✎**EJ2**　次の動詞を過去分詞にしてみよう！

decir		poner		ver	
hacer		romper		abrir	
escribir		morir			

1　過去分詞の語形自体が名詞として用いられるもの、派生して名詞になるものには不規則形が多い：el dicho（格言）、el escrito（文書）、la escritura（筆跡）、el hecho（事実）、la vista（眺め）など。

1-2 過去分詞の用法・意味

> **¡OjO!** 形容詞的なので名詞の性数に一致するよ！

① **自動詞と再帰動詞の過去分詞**：動作の完了・状態を意味する。

la semana pasada (pasar), una mujer bien vestida (vestirse[2])

② **他動詞の過去分詞**：受動を意味する。

un coche hecho en Japón, una persona muy conocida

③ ［**ser＋過去分詞＋por＋**〈**動作の主体**〉］受動態を表す。

La presidente de la república **es respetada por** todo el mundo.

④ ［**estar＋過去分詞**］状態受身を表す。「～している、してある」

Las ventanas están abiertas.　Esta computadora está rota.

> **✎EJ3** （　）内の語を過去分詞にして書き換え、日本語にしなさい。

1) la semana (pasar)

2) los coches (hacer) en Japón

3) una persona muy (conocer)

4) Estas computadoras están (romper)

2 現在完了 **pretérito perfecto** ［haber 現在形＋過去分詞（不変化）］

現在完了は haber の現在形と過去分詞の組み合わせで表現される。注意しなければならないのは、先の受動文では過去分詞が性数変化したのに対し、現在完了では主語の性数に関わらず過去分詞は無変化だということである。現在完了は、すでにその行為が終了しているか否かが、発話時点に影響・関係していることを表す。

2-1 現在完了の活用形　　**¡OjO!** 現在完了では過去分詞は変化しない！

yo	he	**tomado**	nosotros/as	hemos	
tú	has		vosotros/as	habéis	
él, ella Ud.	ha		ellos, ellas, Uds.	han	

*leer → leído, traer → traído, 強母音 + -ido の時は、-ido と-i にアクセントが必要。
*目的格代名詞や再帰代名詞は haber 動詞の前に置かれる。
　Te lo hemos mandado, Me he lavado (lavarse)

2　再帰動詞を過去分詞にする時、形容詞的用法では再帰代名詞はつけない。

✎**EJ4**　次の動詞を現在完了形にしてみよう！

1. Yo (leer)
2. Tú (estar)
3. Él (decir)
4. Nosotros (vivir)

5. Vosotros (tomar)
6. Uds. (comer)
7. Yo (quitarse)
8. Ella (levantarse)

2-24

2-2 用法

① すでに起きた出来事が現在に影響を及ぼしていることを表す（完了）。

¿Has comido ya?

　　— Sí, ya he comido. Ahora ya no tengo hambre.

　　— No, todavía no he comido. Tengo hambre y quiero comer algo.

¿Ya habéis visto esta película?　— No, todavía no la hemos visto.

② 現在までの経験や継続を示す。「今まで…したことがある」

¿Has estado alguna vez en España hasta ahora?

　　— Sí, he estado en España tres veces.

　　— No, nunca he estado en España.

2-3 現在完了と共に使用可能な時の副詞（句）：今と関わる時間副詞

〈ahora, hoy, esta mañana, esta tarde, esta noche, esta semana, este mes, este año..〉³

✎**EJ5**　**¡Vamos a practicar en parejas!**

1) ¿Has comido ya?
2) ¿Has leído la novela "*Botchan*" de Soseki?
3) ¿Has estado alguna vez en España?

（　　）内に適切な語を入れてお互いの経験についてペアで会話しましょう！

4) ¿Has estado alguna vez en (　　　　　)?　— Sí, (　　　　　　　　)

　　　　　　　　　　　　　　　　　　　No, (　　　　　　　　　)

✎**EJ6**　以下の文の下線部を現在完了形にして、日本語に訳そう。

1) Hoy me levanto a las 6.

2) Hasta ahora viajamos muchas veces por Europa.

3　指示形容詞がすべて近称の「この」であることに注意。

3) Este mes <u>llueve</u> poco.

4) El profesor me <u>dice</u> lo mismo.

5) Este año <u>escribo</u> muchas cartas a mi padre.

3 現在分詞 gerundio 副詞的

3-1 現在分詞の活用：性数変化しない

規則形

-ar 動詞	-er 動詞	-ir 動詞
-ando	**-iendo**	
tom**ando**	com**iendo**	viv**iendo**

✎**EJ7**　次の動詞を現在分詞にしてみよう！

cantar		hacer		salir	
hablar		ver		abrir	

不規則形（点過去の三人称単数・複数形で語幹が変化する動詞）

不定詞	現在分詞	不定詞	現在分詞
ir	**yendo**	leer	**leyendo**
decir	**diciendo**	morir	**muriendo**
venir	**viniendo**	dormir	**durmiendo**

✎**EJ8**　次の動詞を現在分詞にしてみよう！

ir		venir		morir	
decir		leer		dormir	

3-2 現在分詞の用法・意味

現在分詞は主動詞（活用動詞）が表す事態と同時に、付帯的に起こる事態を表す。［estar＋現在分詞］が進行の意味になるのは、「～しながらいる」という意味が「～して（そこに）いる」という意味になるからである。

2-25

① ［estar 動詞＋現在分詞］で継続・進行を表す。「～しているところだ」

María canta en la sala. → María **está cantando** en la sala.

✎**EJ9**　次の動詞を使って、「私は今 (ahora) ～しているところだ」という文を作ろう。

estudiar español, tomar café, ver la televisión, leer el libro, morir de hambre

✎**EJ10**　次の動詞を使って、「君は～しているところだ」という文を作ろう。

comer mi pastel, hacer la tarea, decirme la mentira, tomar demasiado, llegar

再帰動詞の場合、再帰代名詞は現在分詞に続けて表記することができる。アクセントは再帰代名詞をのぞいた場合の位置が維持される。

Ella se quita los zapatos. → Ella **está quitándose** los zapatos.
Me pongo el sombrero. → **Estoy poniéndome** el sombrero.

✎**EJ11**　次の動詞を使って、「彼は～しているところだ」という文を作ろう。

quitarse los zapatos, bañarse, lavarse las manos

② 副詞的に主文の動詞と同時の動作・状態を表す（付帯状況）。「～しながら」

María y Pedro vienen hablando del examen desde la estación.
Mi padre desayuna leyendo el periódico.

✎**EJ12**　次の二つの文を現在分詞を使って一つにし、日本語に訳そう。

1) María y Pedro van a la estación. Ellos conversan amigablemente.

2) Tú siempre comes. Escuchas la radio.

3) Manuel entra en la sala. Él se quita el abrigo.

Lección 10

4 現実の条件文 ［**si** + 直説法現在，直説法現在］「もし〜ならば…だ／だろう」

Si tengo dinero, voy a comprar una computadora de última generación.

Si María tiene tiempo por la tarde, va a visitarme.

> ✎**EJ13** "Si tengo dinero, ..." ではじまるスペイン語文を作ろう。
>
> Si tengo dinero,

5 時の副詞節 ［**cuando** + 直説法，主節（直説法現在）］

Cuando mis padres vienen a mi casa, siempre hablamos del fútbol.

Cuando cenamos, tomamos vino tinto.

> ✎**EJ14** "Cuando tengo tiempo, ..." ではじまる現在のあなたの習慣をスペイン語で答えよう。*この表現は現在の習慣をいうもので、「もし時間があったら」という未来の表現ではないことに注意。
>
> Cuando tengo tiempo,

6 間接疑問文 ［動詞（**saber, preguntar, entender** など）+ **si**／疑問詞］

No sé si el tren llega a tiempo o no.（Yes/No 疑問の間接疑問）

No entiendo por qué ella no me quiere.（疑問詞疑問）

No sé qué le compro para su cumpleaños.（疑問詞疑問）

> ✎**EJ15** "No sé ..." を使って、「〜かどうかわからない」という間接疑問文を作ろう。

📖 この課で学習したこと

1. 現在完了：○○に行ったことがあるか質問しあおう！
2. 現在進行形：今何をやっているか質問しあおう！
3. 条件・時・間接疑問：「○○があったら、〜する／したい」と言ってみよう！

前置詞 1

con 付属	un agua mineral con gas una habitación con baño	un café con leche
sin 欠如	un agua mineral sin gas una habitación sin baño	un café sin leche
para 目的・対象	¿Para qué trabajas? — Para ganar dinero. ¿Para quién compras esa muñeca? — La compro para mi novia.	

Lección 11

点過去

1 点過去 pretérito indefinido / pretérito pasado

スペイン語には点過去と線過去の2種類の過去があり、それぞれ動詞の活用が異なる。
点過去とは、発話時以前のある時点でその事態が終了し完了したと捉えられる過去である。

1-1 規則変化動詞の活用　アクセントは常に語尾につく。-er, -ir の変化は同じ。

	tomar	comer	vivir
yo tú él, ella, usted	tomé tomaste tomó	comí comiste comió	viví viviste vivió
nosotros / nosotras vosotros / vosotras ellos, ellas, ustedes	tomamos* tomasteis tomaron	comimos comisteis comieron	vivimos* vivisteis vivieron

*-ar と -ir の1人称複数形は、直説法現在形と点過去形で同形なので区別できない。
アクセントの重要性：yo tomo（直説法現在形）/ usted tomó（直説法点過去形）

1-2 用法

過去のある時点で終わった動作で、現在と切り離された過去の事実を表す。
過去を表す時表現：**antes, anoche, ayer, la semana pasada, el mes pasado, etc.**

✎**EJ1**　visitar, salir, escribir, aprender, hablar, levantarse の活用を言ってみよう。

✎**EJ2**　　**Ejemplo**: ¿Qué (tomar) <u>tomaste</u> tú? /¿Qué <u>tomó</u> usted? — (Yo) <u>Tomé</u> un café.

1) ¿Qué (tomar, tú)＿＿＿＿＿ en la cafetería? — (Yo)＿＿＿＿＿ un jugo de naranja.

2) ¿A qué hora (comer)＿＿＿＿＿ usted ayer? — (Yo)＿＿＿＿＿ a las dos.

3) ¿A quién (escribir, tú)＿＿＿＿＿ anoche? — (Yo)＿＿＿＿＿ a mi madre.

4) ¿Cuándo (vosotros, visitar)＿＿＿＿＿ España? — La ＿＿＿＿＿ el año pasado.

5) ¿Qué lengua (vosotros, aprender)＿＿＿＿＿ en el colegio? — ＿＿＿＿＿ inglés.

6) ¿A qué hora (salir)＿＿＿＿＿ de casa ustedes? —＿＿＿＿＿ a las once.

7) ¿Con quién (comer)＿＿＿＿＿ ustedes ayer? — ＿＿＿＿＿＿ con nuestros padres.

8) ¿A qué hora (acostarse, tú)＿＿＿＿＿ anoche? —＿＿＿＿＿＿ a las doce.

✎**EJ3** **EJ2** の1～8をすべて tú と yo のやり取りに直してから、ペアで練習しよう。

¡Vamos a practicar en parejas!

1-3 不規則活用

① **ar 動詞で一人称単数のみ綴りが不規則変化する動詞**

音優先　　(-gé) → -gué　　(-zé) → -cé　　その他 (-cé) → -qué (tocar など)

	llegar	**empezar**
yo	llegué	empecé
tú	llegaste	empezaste
él, ella, usted	llegó	empezó
nosotros / nosotras	llegamos	empezamos
vosotros / vosotras	llegasteis	empezasteis
ellos, ellas, ustedes	llegaron	empezaron

✎**EJ4** 下線にスペイン語を入れて全文を訳しなさい。

 2-30

1) ¿Llegaste a casa muy tarde anoche? — Sí, ＿＿＿＿＿ a las dos de la madrugada.

2) ¿Cuándo empezaste a aprender español? — ＿＿＿＿＿ a aprenderlo el año pasado.

3) ¿A qué hora (empezar)＿＿＿＿＿ la fiesta de anoche? — ＿＿＿＿＿＿ a las 9 de la noche.

4) Ayer (llegar, yo)＿＿＿＿＿ a la universidad temprano.

② **語幹が母音で終わる er/ir 動詞で３人称のみ綴りが不規則変化する動詞**

	leer*	**pedir**	**dormir**
yo	leí	pedí	dormí
tú	leíste	pediste	dormiste
él, ella, usted	leyó	pidió	durmió
nosotros / nosotras	leímos	pedimos	dormimos
vosotros / vosotras	leísteis	pedisteis	dormisteis
ellos, ellas, ustedes	leyeron	pidieron	durmieron

EJ5 下線に leer, pedir, dormir のいずれかを入れて全文を訳しなさい。

1) ¿_____ usted el periódico ayer? — Sí, lo leí. / No, no lo _____.

2) ¿Qué pidió usted? — _____ una ración de ensaladilla rusa.

3) ¿_____ ustedes bien en la sala de "tatami"? — Sí, dormimos muy bien.

4) ¿_____ ustedes estas novelas el año pasado? —No, no _____ _____.

5) ¿Qué _____ ustedes? — Pedimos paella y vino tinto.

6) ¿Cuántas horas _____ usted anoche? —_____ seis horas.

7) Anoche le (yo)_____ el cuento de Blancanieves a mi hijo.

EJ6 EJ5 の1〜6をすべて tú と yo のやり取りに直してから、ペアで練習しよう。

¡Vamos a practicar en parejas!

③ 過去時制独自の語幹を持つ動詞
   a) 語幹が一定の動詞

	estar	hacer	venir
yo tú él, ella, usted	estuve estuviste estuvo	hice hiciste hizo	vine viniste vino
nosotros / nosotras vosotros / vosotras ellos, ellas, ustedes	estuvimos estuvisteis estuvieron	hicimos hicisteis hicieron	vinimos vinisteis vinieron

EJ7 ワークの活用表に活用を練習しよう！
同じタイプの変化をする動詞:

querer = quise/quisiste/quiso/quisimos/quisisteis/quisieron

poder = pude/pudiste/pudo/pudimos/pudisteis/pudieron

tener = tuve/tuviste/tuvo/tuvimos/tuvisteis/tuvieron

haber = hay の過去：hubo

EJERCICIOS:　Lección 1

◆ TAREA1：次の語の二重母音に下線を引きなさい。ないものもあります。

diccionario　　ciudad　　museo　　estudiante　　paella　　veinte

◆ TAREA2：二重母音がある場合は下線を引き，音節を|で区切ったうえで，アクセントの

ある母音を○で囲みなさい。

1. japonés　2. estudiante　3. profesor　4. ciudad　5. idioma

6. universidad　7. hotel　8. museo　9. veinte　10. azul

◆ TAREA3：¿Cómo saludan en las siguientes ocasiones en español?　次のよう

な場面ではどのようにスペイン語であいさつしますか。

1. 夜，知り合いに会ったとき

2. 1月初めに知り合いに会ったとき

3. 12月に知り合いと別れるとき

4. 誕生日の友達に対して

5. 旅行に行く知り合いに対して

6. 食堂で知り合いに会ったとき

7. 初めて会った人に対して

8. 別れのあいさつ

2

EJERCICIOS: Lección 2

◆ TAREA1：次のことばの意味を調べ, 定冠詞で始まる複数形にしなさい。

1. lápiz
2. alemán
3. construcción
4. japonés
5. jardín

◆ TAREA2：次のことばの意味を調べ, 不定冠詞で始まる単数形にしなさい。

1. buzones
2. canciones
3. mapas
4. universidades
5. estaciones

◆ TAREA3：例にならって適切な語を入れ, 日本語に訳しなさい。

Ejemplo:（ 定冠詞 ）hojas（ blanca ）→ ___las hojas blancas___

1. (   ) casa（ pequeño ）→ _____
2. (   ) estación（ nuevo ）→ _____
3. (   ) lápices（ azul ）→ _____
4. (   ) escuelas（ antiguo ）→ _____

◆ TAREA4：例にならって適切な語を入れ, 日本語に訳しなさい。

Ejemplo:（ 不定冠詞 ）hojas（ blanca ）→___ unas hojas blancas___

1. (   ) profesora（ simpático ）→ _____
2. (   ) sillas（ viejo ）→ _____
3. (   ) coche（ caro ）→ _____
4. (   ) libros（ difícil ）→ _____

EJERCICIOS: Lección 3

活用を何度も練習しよう！

	ser			
yo				
tú				
usted, él, ella				
nosotros/as				
vosotros/as				
ustedes, ellos/as				

◆ TAREA1：次の質問に自分の立場で答えなさい。

1. 出身はどこですか？

2. 今日の日付は？

3. 誕生日はいつですか？

◆ TAREA2：下線部を問うように疑問文を作り，対話文にしなさい。

1. Pedro es <u>paraguayo</u>.

2. Los zapatos son <u>de José</u>.

3. Soy <u>de Nagoya</u>.

4. Mario es <u>profesor.</u>

5. Su cumpleaños es el <u>6 de marzo</u>.

6. Las mesas son <u>de metal</u>.

7. Jorge es <u>muy alegre.</u>

8. <u>Soy Javier y ella es Carmen.</u>

◆ TAREA3：次の日本語をスペイン語にしなさい。

1. ホセとマリアはどこの出身ですか？　—メキシコの出身です。

2. 彼らはどんな人ですか？　—とても親切です。

3. 彼は誰ですか？　—フアンです。

EJERCICIOS:　Lección 4

活用を何度も練習しよう！

	estar			
yo				
tú				
usted, él, ella				
nosotros/as				
vosotros/as				
ustedes, ellos/as				

◆ TAREA1：次の質問に対しカッコ内の所有者を形容詞にして答えなさい。

Ejemplo: ¿De quién es ese bolso?　(yo)　Es mi bolso.　Es mío.

1. ¿De quién es aquella mochila?　(nosotros)

2. ¿De quiénes son aquellos celulares?　(yo)

3. ¿De quiénes son esas computadoras?　(ustedes)

4. ¿De quién es esta revista? （tú）

5. ¿De quién son estos lápices? （María, ella）

◆ TAREA2：カッコ内の単語を適当な形にして文を完成させ日本語に訳しなさい。また，

[ ]に ser か estar のどちらかを活用させて入れなさい。

1. (aquel) casa [　　　　　] (antiguo).

2. (este) problema[　　　　　] (grave).

3. (ese) alumunas [　　　　　] (simpático).

4. (este) libros [　　　　] (difícil).

5. (ese) mesas [　　　　] (limpio).

6. (aquel) silla [　　　　] (roto).

7. (éste) [　　　　] la señora García.

8. (aquel) [　　　　　] los señores García.

◆ TAREA3：次の日本語をスペイン語にしなさい。

1. 君，今どこにいるの？　―図書館にいるよ。

2. 僕の靴はどこにあるんだろう？　―机の下にあるよ。

3. 君たち，疲れているの？　―うん，すごく忙しいからだよ。（porque）

6

EJERCICIOS: Lección 5

動詞活用練習表　直説法現在規則動詞

	tomar	comer	vivir	estudiar	lavar
意味					
yo					
tú					
usted, él, ella					
nosotros/as					
vosotros/as					
ustedes, ellos/as					

	aprender	hablar	escribir	leer	tocar
意味					
yo					
tú					
usted, él, ella					
nosotros/as					
vosotros/as					
ustedes, ellos/as					

	buscar	comprar	esperar	regalar	mandar
意味					
yo					
tú					
usted, él, ella					
nosotros/as					
vosotros/as					
ustedes, ellos/as					

	enseñar	prestar			
意味					
yo					
tú					
usted, él, ella					
nosotros/as					
vosotros/as					
ustedes, ellos/as					

◆ TAREA1：疑問文を日本語に訳し，下線部を代名詞に変えてカッコの指示に従い肯定か否定で答えなさい。

1. ¿Toma usted la cerveza? (Sí)

2. ¿Leen ustedes estas revistas? (No)

3. ¿Invitas a Pedro a la cena? (Sí)

4. ¿Nos mandáis estas frutas? (Sí)

5. ¿Le regalas tu ropa a tu hermano? (No)

6. ¿Le presta usted su pluma a ese chico? (Sí)

◆ TAREA2：下線部が答えになる対話の疑問文を例にならって作りなさい。

    例 : Te compro un ramo de flores. ← ¿Qué me compras tú?

1. Me compras un coche deportivo.

2. Os mando un paquete por correo.

3. Les regalo unos libros a ustedes.

4. Pedro le manda una carta a Carmen.

◆ TAREA3：次の日本語をスペイン語にしなさい。

1. 彼女はどこに住んでいるの？　—スペインに住んでいます。

2. 君は何を食べているの？　―パエージャを食べてるよ。

3. 何時ですか？　―１４時４５分です。

EJERCICIOS:　Lección 6

動詞活用練習表　直説法現在規則動詞

	llegar	desayunar	correr	visitar	bailar
意味					
yo					
tú					
usted, él, ella					
nosotros/as					
vosotros/as					
ustedes, ellos/as					

	viajar	comer	cancelar	
意味				
yo				
tú				
usted, él, ella				
nosotros/as				
vosotros/as				
ustedes, ellos/as				

◆　TAREA 1：次の日本語をスペイン語にしなさい。

1. 冷蔵庫に何かある？　―いや，卵（huevos）も牛乳もないよ。

2. あの机の下に何があるの？　―何もないよ。

3. フアンはスペイン人じゃない。アナもスペイン人じゃないよ。

4. わたしの母（madre）は家にいません。私も家にいません。

◆ TAREA 2: 下線部を問うように疑問文を作り, 対話文にしなさい。

1. ¿_____? —Desayuno <u>a las siete menos cuarto</u>.

2. ¿_____? —Comemos <u>con tenedor y cuchillo</u>.

3. (país を使って)¿_____? —Soy <u>de Japón</u>.

4. ¿_____ este texto de español? —Es <u>de mi compañero</u>.

5. ¿_____? —Visito <u>a mis abuelos</u>.

◆ TAREA3: 次の日本語をスペイン語にしなさい。

1. (君は)誰のことを話してるの？　―君のことだよ。

2. (いつも)何時にご飯食べる？　―12:30 に食べるよ。

3. (君は)誰に手紙を書くの？　―(私の)おじいちゃんに書きます。

10

EJERCICIOS: Lección 7

動詞活用練習表　直説法現在不規則動詞

	ir	dar	ver	saber	hacer
意味					
yo					
tú					
usted, él, ella					
nosotros/as					
vosotros/as					
ustedes, ellos/as					

	salir	conocer	tener		
意味					
yo					
tú					
usted, él, ella					
nosotros/as					
vosotros/as					
ustedes, ellos/as					

◆ TAREA 1：次の中から適当な語句を選び対話文をつくり，日本語に訳しなさい。

(leer las novelas, en bicicleta, en casa, con nuestros colegas)

1. ¿Dónde vais a cenar esta noche?

2. ¿Con quién van ustedes al cine?

3. ¿Cómo vas al parque?

4. ¿Qué vas a hacer mañana?

◆ TAREA 2：カッコ内に動詞 **tener** を正しい形にし，日本語に訳しなさい。

1. ¿No (　　　　　) ustedes tiempo? —No, (　　　　　) que irnos inmediatamente.

2. ¿Cuántos yenes (　　　　　　) tú? —(　　　　　　) mil quinientos yenes.

3. ¿Cuántos años (　　　　　　) usted? —(　　　　　　) cincuenta años.

4. Mi madre　(　　　　　　) dolor de estómago.

5. María (　　　　) que preparar la cena porque sus hijos (　　　　　) hambre.

◆ TAREA 3：次の質問に自分の立場で答えなさい。

1. ¿Conoces Estados Unidos?

2. ¿Sabes tocar algún instrumento musical?

3. ¿Qué haces los fines de semana?

◆ TAREA 4：次の質問を訳し，例にならってカッコ内の語で答えなさい。

　例　¿María le da su dinero a Pedro? (Sí)
　　　マリアは自分の（彼女）お金をペドロに渡すの？　Sí, se lo da.

1. ¿Le vas a mandar esta tarjeta a Mariana? (Sí)

2. ¿Usted nos da la información de los exámenes finales? (Sí)

3. ¿Conoces a Lucía? (Sí)

EJERCICIOS: Lección 8

動詞活用練習表　　直説法現在不規則動詞

	pensar	querer	sentir	poder	pedir
意味					
yo					
tú					
usted, él, ella					
nosotros/as					
vosotros/as					
ustedes, ellos/as					

	jugar	venir	decir		
意味					
yo					
tú					
usted, él, ella					
nosotros/as					
vosotros/as					
ustedes, ellos/as					

◆ TAREA1：カッコ内の語幹母音変化動詞を活用させ, 完成した文を日本語に訳しなさ

い。

1. ¿A qué hora (venir→　　　　　　　)(tú) a mi casa? —Voy a las 5:30.

2. Yo (pensar→　　　　　　　) que estás cansado.

3. No (Yo)(querer→　　　　　　　) darte ni un yen.

4. ¿(Yo)(poder→　　　　　　　) ir al baño? —Sí, por supuesto.

5. ¿Qué (tú)(pedir→　　　　　　　)? —(pedir→　　　　　　　) un helado.

6. ¿(tú)(poder→　　　　　　) venir mañana?
   —Sí, (　　　　　　) ir mañana por la mañana.

13

7. ¿(tú)(jugar→   ) al fúbal? —No, no (   ).

8. ¿(tú) Me (decir→   ) la verdad?
   —Sí, (   )(   ) la verdad.

9. Yo (sentir→   ) mucho calor.

10. ¿En qué (pensar→   ) tú? —(pensar→   ) en ti.

◆ TAREA2：次の質問に自分の立場で答えなさい。

1. ¿Juegas a UNO?

2. ¿Sientes calor ahora?

3. ¿A qué hora vienes a la universidad los miércoles?

4. ¿Qué quieres hacer después de las clases?

◆ TAREA3：

1. **querer** を使って自分がしたいこと，欲しいものをスペイン語で書きなさい。

2. **poder** を使って自分ができることをスペイン語で書きなさい。

EJERCICIOS: Lección 9

動詞活用練習表　直説法現在　再帰動詞

	levantarse	acostarse	irse	llamarse
意味				
yo				
tú				
usted, él, ella				
nosotros/as				
vosotros/as				
ustedes, ellos/as				

	sentarse	quitarse	lavarse	limpiarse
意味				
yo				
tú				
usted, él, ella				
nosotros/as				
vosotros/as				
ustedes, ellos/as				

◆ TAREA1：次の質問にスペイン語で答え, 全文を訳しなさい。

1. ¿Cómo te llamas?

2. ¿Te miras en el espejo todas las mañanas?

3. ¿A qué hora te levantas los domingos?

4. ¿Cómo se llama esta flor en español? (girasol)

◆ TAREA2：次の日本語をスペイン語にしなさい。

1. （僕は）明日は大学に行かないといけないんだ。

2. 君は（君の/自分の）部屋を掃除しなくちゃいけないよ。

3. 上達するためには（para mejorar），たくさん練習しなければならない。

◆ TAREA3：以下の 2 つの文を（ ）内の意味の文にして，日本語に訳しなさい。

1. María es guapa. Josefa es guapa.（と同じくらい）

2. Aquella casa es antigua. Esta casa es antigua.（より古い）

3. Esta casa es moderna. （la ciudad の中で一番近代的）

4. Nuestra obra es buena. （el concurso の中で一番良い）

5. Mi hermano es alto. （la familia の中で一番高い）

◆ TAREA4：次の日本語をスペイン語にしなさい。

1. 君は僕より背が高いね。

2. 僕たちの大学は市で一番大きいよ。

EJERCICIOS: Lección 10

動詞活用練習表　過去分詞・現在分詞，直説法現在

	tomar	comer	vivir	estar	beber
意味					
過去分詞					
現在分詞					
yo					
tú					
usted, él, ella					
nosotros/as					
vosotros/as					
ustedes, ellos/as					

	dormir	hablar	vestir	ir	abrir
意味					
過去分詞					
現在分詞					
yo					
tú					
usted, él, ella					
nosotros/as					
vosotros/as					
ustedes, ellos/as					

	decir	escribir	hacer	morir	poner
意味					
過去分詞					
現在分詞					
yo					
tú					
usted, él, ella					
nosotros/as					
vosotros/as					
ustedes, ellos/as					

	romper	ver	cantar	salir	venir
意味					
過去分詞					
現在分詞					
yo					
tú					
usted, él, ella					
nosotros/as					
vosotros/as					
ustedes, ellos/as					

◆ TAREA1：下線部を現在完了形にして，日本語に訳しなさい。

1. Hoy <u>me levanto</u> muy temprano.

2. Hasta ahora <u>viajamos</u> muchas veces por Europa.

3. Este mes <u>nieva</u> mucho.

4. Mis padres me <u>dicen</u> lo mismo.

5. Hoy <u>escribo</u> muchos mensajes a mi amiga española.

◆ TAREA2：次の文を「～しているところだ」という現在進行形の文に直しなさい。

1. Ellos cantan en la sala.

2. Ella estudia español.

◆ TAREA3：次の日本語をスペイン語にしなさい。

1. もうご飯食べた？　―うん，食べたよ。

2. 今朝，僕たちはすごく早く（muy temprano）起きた。

3. 子供たちはどこにいるの？　―まだベッド（la cama）で眠っているよ。

4. 何しているの？　―本を探しているんだよ（buscar）。

5. 大統領（男）はみんなに尊敬されている。

6. 君，これまで，メキシコに行ったことがある？　―ううん，一度もないよ。

EJERCICIOS:　Lección 11

動詞活用練習表　　直説法点過去規則動詞 / 綴りが不規則の動詞

	tomar	comer	vivir	escribir	visitar
意味					
過去分詞					
現在分詞					
yo					
tú					
usted, él, ella					
nosotros/as					
vosotros/as					
ustedes, ellos/as					

	aprender	salir	acostarse	llegar	empezar
意味					
過去分詞					
現在分詞					
yo					
tú					
usted, él, ella					
nosotros/as					
vosotros/as					
ustedes, ellos/as					

◆ TAREA1：**次の質問をスペイン語に訳し，自分の立場で答えなさい。**

1. 昨夜は何時に寝たの（acostarse）？

2. 昨日，何時に起きたの（levantarse）？

3. 何時に家を出たの（salir de）？

4. 昨日，誰と晩御飯を食べたの（cenar）？

動詞活用練習表　直説法点過去不規則動詞

	leer	pedir	dormir	estar	hacer
意味					
過去分詞					
現在分詞					
yo					
tú					
usted, él, ella					
nosotros/as					
vosotros/as					
ustedes, ellos/as					

	venir	querer	poder	decir	ser/ir
意味					
過去分詞					
現在分詞					
yo					
tú					
usted, él, ella					
nosotros/as					
vosotros/as					
ustedes, ellos/as					

◆ TAREA2：カッコ内の副詞句を加えて文を書き換え，日本語に訳しなさい。

1. Ceno muy tarde (anoche).

2. Escribo una carta a la profesora (el mes pasado).

3. Viajo en autobús de Valladolid a Salamanca (hace muchos años).

◆ TAREA3：カッコ内の動詞を点過去形に活用させ，日本語に訳しなさい。

1. Usted (lee　　　　　　) muchos libros el mes pasado.

2. (quiero　　　　　　) verla, pero no (puedo　　　　　　) la semana pasada.

3. Mucha gente (viene　　　　　　) a la fiesta el sábado pasado.

4. (estás　　　　　　) muy ocupada y no (puedes　　　　　　) terminar el trabajo.

5. Ayer todo el día (estoy　　　　　　) en cama por la gripe.

6. Anoche (hay　　　　　　) un terremoto bastante grande.

7. ¿A dónde (vas　　　　　　) el lunes? —(Voy　　　　　　) de compras al centro comercial.

8. ¿Dónde (estás　　　　　　) anoche? —(Estoy　　　　　　) en el laboratorio.

9. ¿Qué (haces   ) el pasado fin de semana? —(Veo   ) una película española.

10. ¿Qué le (da   ) a su hija para su cumpleaños? —Le (doy   ) una cartera.

11. ¿(tú) Me (dices   ) algo? —No _____(digo   ) nada.

12. ¿A dónde (van   ) ustedes ayer? —(Vamos   ) a Kioto.

EJERCICIOS: Lección 12

動詞活用練習表　　直説法線過去形規則動詞 / 不規則動詞

	tomar	comer	vivir	estar	tener
意味					
過去分詞					
現在分詞					
yo					
tú					
usted, él, ella					
nosotros/as					
vosotros/as					
ustedes, ellos/as					

	jugar	visitar	ser	ir	ver
意味					
過去分詞					
現在分詞					
yo					
tú					
usted, él, ella					
nosotros/as					
vosotros/as					
ustedes, ellos/as					

◆ TAREA1：カッコ内の動詞を未完了過去形に活用させ，日本語に訳しなさい。

1. En aquel tiempo (estás   ) en Salamanca.

2. Cuando (tiene   ) quince años, se mudó de México a Brasil.

3. Como (estoy   ) muy cansada, me acosté temprano anoche.

4. Cuando (soy   ) niño, (voy   ) a la playa todos los veranos.

◆ TAREA2：カッコ内の動詞を点過去・線過去のいずれか適当な形にし，日本語に訳し

なさい。

1. Antes (haber→   ) un jardín botánico por aquí.

2. Cuando (tener→   ) 20 años, María (mudarse→   ) de Madrid a
   Lima.

3. Me dijeron que la biblioteca (estar→   ) abierta los domingos.

4. Nosotros (visitar→   ) a nuestros abuelos cada fin de semana.

5. José no (poder→   ) venir, porque (estar →   ) enfermo.

◆ TAREA3：次の2つの文を，関係詞を用いて一文にし，日本語に訳しなさい。

1. La chica es mi hermana. Ella cocica bien.

2. El hombre es mi amigo. El hombre come muy bien.

3. Esta es la universidad. En la universidad estudio español.

4. Fue en México. En México conocí a mi novia.

◆ TAREA4：次の日本語をスペイン語にしなさい。

1. チリではスペイン語が話されている。※2通りで書きなさい

2. ここから駅までどのくらいかかりますか（時間）？

3. 今日はどんな天気？　―晴れだよ，でもすごく寒い。

4. （私は）宿題をするのをうっかりわすれちゃった。

EJERCICIOS: Lección 13

動詞活用練習表　　直説法未来形 規則動詞 / 不規則動詞

	tomar	comer	poder	tener	decir
意味					
過去分詞					
現在分詞					
yo					
tú					
usted, él, ella					
nosotros/as					
vosotros/as					
ustedes, ellos/as					

動詞活用練習表　　直説法過去未来形 規則動詞 / 不規則動詞

	tomar	comer	poder	tener	decir
意味					
過去分詞					
現在分詞					
yo					
tú					
usted, él, ella					
nosotros/as					
vosotros/as					
ustedes, ellos/as					

◆ TAREA1:次の日本語を，未来形を使ってスペイン語にしなさい。また，1~3 は同じ文を

「**Me dijiste que** …」に続けて，過去未来形を使って書きなさい。

Ejemplo: 来週，私はアメリカに出発します。
　　　　　Me marcharé a Estados Unidos la próxima semana.
　　　　　君は，来週アメリカ合衆国に出発すると私に言った。
　　　　　Me dijiste que te marcharías a Estados Unidos la próxima semana.

1. 今日の午後，君を訪ねるよ。

　　君は，今日の午後，私を訪ねると（私に）言った。

2. 来週，試験が始まる。

　　君は，来週，試験が始まると私に言った。

3. 明日は5時に起きます。

　　君は，明日は5時に起きると私に言った。

4. こんな時間に，子供たちはどこにいるだろう？　―公園にいるんじゃない？
　　¿ _____ _____ los _____ a estas horas?
　　　　　　　　　　　　　　― _____ en el _____ .

5. いつかあなたの国に行って（conocer）みたい。
　　_____ _____ _____ tu país algún _____ .

◆ TAREA2：カッコ内に動詞 **marcharse** を適当な形にし，日本語に訳しなさい。

1. El próximo año María (   ) a Estados Unidos.

2. La semana pasada María (   ) de Japón.

3. María me dijo que ella (   ) pronto.

◆ TAREA3：カッコ内の動詞を過去完了形にし，日本語に訳しなさい。

1. Cuando llegué al aeropuerto, ya (salir   ) el avión.

2. Ana no (beber   ) "sake" (vino de arroz) antes de venir a Japón.

3. El profesor nos dijo que (viajar   ) por España.

4. Cuando tenía dos años, Kento ya (empezar   ) a tocar el piano.

◆ TAREA4：カッコ内の動詞を未来形または過去未来形に活用させ文を完成し，日本語に訳しなさい。

1. La semana que viene nosotros (visitar→   ) a nuestros amigos.

2. No tengo reloj. ¿Qué hora (ser→   ) ahora? —(ser→   ) las seis.

3. (ser→   ) las tres de la madrugada, cuando volvimos a casa de la fiesta.

4. Me (gustar→   ) aceptar tu invitación, pero no podré.

5. Mañana (nevar→   ) en la zona montañosa.

EJERCICIOS: Lección 14

動詞活用練習表　　接続法現在形 規則動詞 / 不規則動詞

	tomar	comer	vivir	hacer	ver
意味					
過去分詞					
現在分詞					
yo					
tú					
usted, él, ella					
nosotros/as					
vosotros/as					
ustedes, ellos/as					

	pensar	poder	estar	ser	ir
意味					
過去分詞					
現在分詞					
yo					
tú					
usted, él, ella					
nosotros/as					
vosotros/as					
ustedes, ellos/as					

◆ TAREA1：カッコ内の動詞を活用させ文を完成し, 日本語に訳しなさい。

1. Deseamos que (pasar, ustedes)＿＿＿＿＿＿＿ una feliz Navidad.

2. Espero que (tener, tú)＿＿＿＿＿＿＿ buen viaje.

3. Mi novia me prohíbe que (yo, fumar)＿＿＿＿＿＿＿.

4. Es necesario que los jovenes (pensar)＿＿＿＿＿＿＿ bien.

5. Es una lástima que usted no (poder)＿＿＿＿＿＿＿ venir a la fiesta de mi cumpleaños.

6. Me alegro de que tus hijos (estar)＿＿＿＿＿＿＿creciendo muy bien.

7. Siento mucho que Carlos no (venir)＿＿＿＿＿＿ a la fiesta.

8. No creo que ellas (venir)＿＿＿＿＿＿ a la reunión a tiempo.

◆ TAREA2：次の動詞を使って,「君に～してほしい」という文を作りなさい。

escucharme bien, entendernos, venir a nuestra casa, pensarlo bien, estar conmigo, ser más honesto

◆ TAREA3：各組カッコ内の動詞を直説法または接続法に変化させ文を完成し, 意味の

違いに注意しながら日本語に訳しなさい。

1. Conocemos al intérprete que (hablar→) inglés y español.

   Buscamos un intérprete que (hablar→) inglés y español.

2. María ha comprado un chalet que (tener→) piscina.

   María quiere comprar un chalet que (tener→) piscina.

3. He ido de compras a una bodega donde (se vender→) marcas chilenas.

   ¿Conoce usted una bodega donde (se vender→) marcas chilenas?

◆ TAREA4：以下の日本語文になるように，続けてスペイン語文を作りなさい。

1. 僕は君が理解できるように，それをよく説明するね。(entender, lo)

   Te voy a explicar bien **para que** (entender, lo) _____ .

2. たとえ難しくても私は必ずやりとげる。

   Aunque (ser)_____ difícil, lo lograré.

3. 私たちは，友達たちが到着する前に，家を掃除しなければならない。

   Tenemos que limpiar la casa **antes de que** (llegar) _____ .

4. 起床後に，私は自分の家族も起きるようにテレビをつける。

   Después de levantarme, pongo la televisión

   para que (levantarse) _____ .

EJERCICIOS:　Lección 15

動詞活用練習表　　肯定命令

	tomar	comer	escribir	pensar	jugar
意味					
tú					
vosotros/as					

	decir	ir	hacer	poner	venir
意味					
tú					
vosotros/as					

動詞活用練習表　　否定命令

	tomar	comer	escribir	pensar	jugar
意味					
tú	No	No	No	No	No
vosotros/as	No	No	No	No	No

29

	decir	ir	hacer	poner	venir
意味					
tú	No	No	No	No	No
vosotros/as	No	No	No	No	No

動詞活用練習表　　接続法過去形 規則動詞 / 不規則動詞

	tomar	comer	vivir	ser	dar
意味					
過去分詞					
現在分詞					
yo					
tú					
usted, él, ella					
nosotros/as					
vosotros/as					
ustedes, ellos/as					

	querer	poder	hacer	decir	haber
意味					
過去分詞					
現在分詞					
yo					
tú					
usted, él, ella					
nosotros/as					
vosotros/as					
ustedes, ellos/as					

◆　TAREA1：次の文の目的語を代名詞に変え, 肯定と否定の命令文に直し日本語に訳し

なさい。

1. Usted toma el café.

2. Abren la puerta.

3. Invitas a Pedro.

4. Preparáis los deberes.

5. Te lavas las manos.

6. Me dices la verdad.

◆ TAREA2：カッコ内の次の動詞を活用させ文を完成し, 日本語に訳しなさい。

1. Deseábamos que (pasar, ustedes)_____ una feliz Navidad.

2. Yo esperaba que (tener, tú)_____ buen viaje.

3. Mi novia me prohibió que (yo, fumar)_____.

4. Era necesario que los jóvenes (pensar)_____ bien.

5. Era una lástima que usted no (poder)_____ venir a mi cumpleaños.

6. Sentí mucho que ellas no (venir)_____ a la fiesta.

7. Yo no creía que Miguel (venir)_____ a la reunión en punto.

◆ TAREA3：各組カッコ内の動詞を直説法または接続法に変化させ文を完成し, 意味の

違いに注意しながら日本語に訳しなさい。

1. Conocíamos al intérprete que (hablar→   ) inglés y español.

   Buscábamos un intérprete que (hablar→   ) inglés y español.

31

2. María compró un chalet que (tener→   ) piscina.

   María quería comprar un chalet que (tener→   ) piscina.

3. Fui de compras a una bodega donde (se vender→   ) marcas chilenas.

   ¿Conocía usted una bodega donde (se vender→   ) marcas chilenas?

◆ TAREA4：カッコ内の次の動詞を活用させ文を完成し，日本語に訳しなさい。

1. Te lo expliqué para que lo (entender→   ) bien.

2. Te di mi número de teléfono, en caso de que (perder→   ) el camino.

3. Aunque no le (gustar→   ) a usted, debió aceptar el nuevo reglamento.

解答&文法補遺

EJERCICIOS:　Lección 1

◆　TAREA1：次の語の二重母音に下線を引きなさい。ないものもあります。

diccio̲nario̲　　ciu̲dad　　museo　estudia̲nte　　paella　　vei̲nte

◆　TAREA2：二重母音がある場合は下線を引き，音節を｜で区切ったうえで，アクセントの

ある母音を〇で囲みなさい。

1. ja｜po｜n⃝es　　2. es｜tu｜dia̲n｜te　　3. pro｜fe｜s⃝or　　4. ciu̲｜d⃝ad
5. i｜dio̲｜ma　　6. u｜ni｜ver｜si｜d⃝ad　　7. ho｜t⃝el　　8. mu｜s⃝e｜o
9. vei̲n｜te　　10. a｜z⃝ul

◆　TAREA3：¿Cómo saludan en las siguientes ocasiones en español?　次のよう

な場面ではどのようにスペイン語であいさつしますか。

1. ¡Buenas noches!
※夜別れるときにも，「おやすみなさい」という意味で使えます。
2. ¡Feliz año nuevo!
※「よいお正月を！」という意味もあります。
3. ¡Feliz Navidad!（よいクリスマスを）
4. ¡Feliz cumpleaños!
5. ¡Buen viaje!
6. ¡Buen provecho!　¡Que aproveche!
7. Mucho gusto. Encantado/a.
※この挨拶は出会った最初の瞬間（「初めまして」）だけではなく，挨拶を交わして別
れる時に「よろしくお願いします」というニュアンスでも使えます。
8. ¡Adiós!　¡Hasta mañana!　¡Chao!　¡Hasta luego!

文法補遺
1．スペイン語にはない綴り
-m で終わる単語：例外 álbum
ie / ue で始まる単語：

Ⅰの代わりにＹで始めるかＨ（無音）を文頭に加える：ie ＞ ye / ue ＞ hue
例：語幹母音動詞の変化に注意
errar の直説法現在の活用：　ierra ではなく yerra
oler の直説法現在の活用：　uele ではなく huele

２．発音の要点
母音：Ｕの発音　口をすぼめないと/u/に聞こえない。
「ラ行」に聞こえる３種類の音：
・Ｌの時だけ「英語のＬ」を意識する。　La（持続音）／Ra（瞬間音）
・語中の-r-は日本語の「ラ行」で十分通じる。
・巻き舌の-rr-は英語など他の言語話者にも，少なくとも/R/の音に聞こえる。Ｌと区別する際に有用。

３．子音

d	英語のｄの発音。語末のｄは口の構えだけで殆ど無音。di の発音はディ diccionario 辞書。
g	「bilingüe バイリンガル pingüino ペンギン」等のｕの上の　「¨」は diéresis と呼ぶ。発音はグェ，グィになる。
k	外来語にのみ使用される。「kilómetro キロメートル，kilogramo キログラム」。省略形の kilo は重さの場合のみ用いる。
ñ	ña の発音はニャで，ｎの上の「～」は tilde と呼ぶ。
q	スペイン語の綴りでは que, qui のみ用い qua, quo という綴りは使用しない。英語の quality にあたるスペイン語は cualidad。
s	si の発音は，英語と同様，日本語のシではなくスィに近い。
t	ti の発音はティ（tinto 赤ワイン）。
v	ＢとＶは現在では同じ発音である
w	一般的に英語のｗと同じ発音であり原則として元の発音に従うが，必ずしも一致しないこともある（Washington ワシントン，whisky ウィスキー）。
x	多くの場合母音の間に現れ，原則として(ks)と発音する。ただし(s)と発音される場合も多く，地域差個人差が大きい。語頭では(s)と発音されることが多い（xilófono シロフォン）
y	ｙの発音は地域差や個人差がかなりある。母音[i]としての発音もある（y そして，hoy 今日）
z	za 行および ce, ci は[θ]として発音する。南米では一般に ｓ と同じ発音をする。現代スペイン語では ze, zi は原則として使用しない。zero ではなく cero ゼロ，vez の複数形は veces となる。

EJERCICIOS: Lección 2

◆ TAREA1：次のことばの意味を調べ, 定冠詞で始まる複数形にしなさい。

1. lápiz **los lápices** 鉛筆
2. alemán **los alemanes** ドイツ人
3. construcción **las construcciones** 建築物
4. japonés **los japoneses** 日本人
5. jardín **los jardines** 庭

◆ TAREA2：次のことばの意味を調べ, 不定冠詞で始まる単数形にしなさい。

1. buzones **un buzón** ポスト
2. canciones **una canción** 歌
3. mapas **un mapa** 地図
4. universidades **una universidad** 大学
5. estaciones **una estación** 駅

◆ TAREA3：例にならって適切な語を入れ, 日本語に訳しなさい。

Ejemplo：（ 定冠詞 ）hojas（ blanca ）→ <u>las hojas blancas</u> 白い紙

1. (　　　) casa（ pequeño ）→ <u>la casa pequeña</u> 小さい家
2. (　　　) estación（ nuevo ）→ <u>la estación nueva</u> 新しい駅
3. (　　　) lápices（ azul ）→ <u>los lápices azules</u> 青鉛筆
4. (　　　) escuelas（ antiguo ）→ <u>las escuelas antiguas</u> 古い学校

◆ TAREA4：例にならって適切な語を入れ, 日本語に訳しなさい。

Ejemplo：（ 不定冠詞 ）hojas（ blanca ）→ <u>unas hojas blancas</u> 白い紙

1. (　　　) profesora（ simpático ）→ <u>una profesora simpática</u> 感じのいい先生
2. (　　　) sillas（ viejo ）→ <u>unas sillas viejas</u> 古い椅子
3. (　　　) coche（ caro ）→ <u>un coche caro</u> 高い車
4. (　　　) libros（ difícil ）→ <u>unos libros difíciles</u> 難しい本

文法補遺

4. 名詞について

・名詞の数のアクセントに関して，日常語で3語例外がある：

Un carácter, dos caracteres; un régimen, dos regímenes; un espécimen, dos especímenes

・一つの語句においてすべての要素が文法性（男性か女性）と数（単数か複数）が一致する。

注意：見かけ上の形の一致ではない。少なくとも数は語形的に表れる。

・数詞100万未満は形容詞。100万は名詞：un millón de habitantes（男性名詞）

5. いわゆる述語補語の不定冠詞の有無

Yo soy profesor/a.　　I am a professor.　　私は（学生ではなくて）教師です。

ポイント：

スペイン語では男性・女性の区別をする。

スペイン語では職業や地位を表すときに述語補語の名詞に冠詞がつかない。昔の参考書では「名詞の形容詞的用法」と説明していた。英語でも形容詞の名詞化や名詞の形容詞用法は存在するが，スペイン語では英語ほど，名詞と形容詞の間の区別というか「敷居は高くない」と言える。

一方で，レコードコース時代のリンガフォン第1課の例文に

Soy un hombre. Mi esposa es una mujer.

とある。無冠詞の名詞は「抽象的な概念」を示すのみで，存在者であるためには，まず冠詞で具体性・実在性を与え，名詞で「何」を表す。このため，上の例では冠詞がついていると考えられる。

6. スペイン語の語彙

スペイン語には，規則的に英語と対応する語形がかなりの数ある。代表的なものとして

-tion / -ción, -ty / -dad, -phy / -fía があり，いずれも女性名詞を示す語尾である。

nation / nación, university / universidad, philosophy / filosofía （ギリシア語源 ph は f）

一般にスペイン語話者は sc(sk)-, sp-, st- で始まる単語に無意識に e を付けて発音する傾向がある。やや距離感があるかもしれないが，スペイン語語頭の e を取ると対応する英単語の類推ができる場合がかなりある。

espacio / space, España / Spain, estación / station, estomago / stomach

EJERCICIOS: Lección 3

活用を何度も練習しよう！

	ser			
yo	soy			
tú	eres			
usted, él, ella	es			
nosotros/as	somos			
vosotros/as	sois			
ustedes, ellos/as	son			

◆ TAREA1：次の質問に自分の立場で答えなさい。

1. 出身はどこですか？

    Soy de Japón. (Soy de Nagoya.)

2. 今日の日付は？

    例　Hoy es viernes, catorce de mayo de dos mil veintiuno.

    ※今日の日付をいうときは，定冠詞は入れません。「今日」という日は話し手の発話時によって変わるものであり，定まっていないからです。

3. 誕生日はいつですか？

    例　Mi cumpleaños es el nueve de enero.

    ※誕生日をいうときには必ず定冠詞が要ります。誕生日は特定のその日だからです。

◆ TAREA2：下線部を問うように疑問文を作り，対話文にしなさい。

1. ¿De dónde es Pedro?　ペドロはどこの出身ですか？
2. ¿De quién son los zapatos?　その靴は誰のですか？
3. ¿De dónde eres?　君はどこの出身？
4. ¿Qué es Mario?　マリオの職業は何？
5. ¿Cuándo es su cumpleaños?　彼（彼女）の誕生日はいつですか？
6. ¿De qué son las mesas? それらのテーブルは何でできているんですか？
7. ¿Cómo es Jorge?　ホルヘはどんな人ですか？

    ※ "¿Cómo está Jorge?" は「ホルヘは元気ですか」の意味。

8. ¿Quiénes son ustedes?　あなた方はどなたですか？

◆ TAREA3：次の日本語をスペイン語にしなさい。

1. ¿De dónde son José y María? —(Ellos) son de México.
2. ¿Cómo son ellos? —(Ellos) son muy amables.

3. ¿Quién es él? —(Él) es Juan.

EJERCICIOS: Lección 4

活用を何度も練習しよう！

	estar			
yo	estoy			
tú	estás			
usted, él, ella	está			
nosotros/as	estamos			
vosotros/as	estáis			
ustedes, ellos/as	están			

◆ TAREA1：次の質問に対しカッコ内の所有者を形容詞にして答えなさい。

Ejemplo: ¿De quién es ese bolso?　(yo) Es mi bolso.　Es mío.
1. ¿De quién es aquella mochila?　(nosotros)
　　Es nuestra mochila. Es nuestra.
2. ¿De quiénes son aquellos celulares?　(yo)
　　Son mis celulares. Son míos.
3. ¿De quiénes son esas computadoras?　(ustedes)
　　Son sus computadoras. Son suyas.
4. ¿De quién es esta revista?　(tú)
　　Es tu revista. Es tuya.
5. ¿De quién son estos lápices?　(María, ella)
　　Son de María. Son sus lápices. Son suyos.

◆ TAREA2：カッコ内の単語を適当な形にして文を完成させ日本語に訳しなさい。また，

[ ]に ser か estar のどちらかを活用させて入れなさい。

1. Aquella casa [es] antigua.　(あの家は古いです。)
2. Este problema [es] grave.　(この問題は深刻です。)
3. Esas alumnas [son] simpáticas.　(その女子学生たちは感じがいいです。)
4. Estos libros [son] difíciles.　(これらの本は難しいです。)
5. Esas mesas [están] limpias.　(それらの机はきれいです。)
6. Aquella silla [está] rota.　(あの椅子は壊れている。)
7. Ésta [es] la señora García.　(こちらはガルシアさんです。)

8. Aquellos [son] los señores García. （あちらはガルシア夫妻です。）

◆ TAREA3：次の日本語をスペイン語にしなさい。

1. ¿Dónde estás ahora? —Estoy en la biblioteca.
2. ¿Dónde están mis zapatos? —Están debajo de la mesa.
3. ¿Estáis cansados? —Sí, porque estamos muy ocupados.

文法補遺
7．ser と estar
　　述語補語 predicativo が名詞あるいは日本語の名詞（人，物，事など）を補えるならば ser を用いる。
　　La paella valenciana es rica.　「バレンシアのパエリィアは美味しい（料理だ）」。
　　日時（催し）も ser を用いる。物体（人・生物も含む）は estar で表す。地名については，恒常的な位置関係を表す場合も，「所在」として考え，全て estar を用いる。

EJERCICIOS:　Lección 5

動詞活用練習表　直説法現在規則動詞

	tomar	comer	vivir	estudiar	lavar
意味	取る	食べる	住む	勉強する	洗う
yo	tomo	como	vivo	estudio	lavo
tú	tomas	comes	vives	estudias	lavas
usted, él, ella	toma	come	vive	estudia	lava
nosotros/as	tomamos	comemos	vivimos	estudiamos	lavamos
vosotros/as	tomáis	coméis	vivís	estudiáis	laváis
ustedes, ellos/as	toman	comen	viven	estudian	lavan

	aprender	hablar	escribir	leer	tocar
意味	学ぶ	話す	書く	読む	触る
yo	aprendo	hablo	escribo	leo	toco
tú	aprendes	hablas	escribes	lees	tocas
usted, él, ella	aprende	habla	escribe	lee	toca
nosotros/as	aprendemos	hablamos	escribimos	leemos	tocamos
vosotros/as	aprendéis	habláis	escribís	leéis	tocáis
ustedes, ellos/as	aprenden	hablan	escriben	leen	tocan

	buscar	comprar	esperar	regalar	mandar
意味	探す	買う	待つ	贈る	送る
yo	busco	compro	espero	regalo	mando
tú	buscas	compras	esperas	regalas	mandas
usted, él, ella	busca	compra	espera	regala	manda
nosotros/as	buscamos	compramos	esperamos	regalamos	mandamos
vosotros/as	buscáis	compráis	esperáis	regaláis	mandáis
ustedes, ellos/as	buscan	compran	esperan	regalan	mandan

	enseñar	prestar			
意味	教える	貸す			
yo	enseño	presto			
tú	enseñas	prestas			
usted, él, ella	enseña	presta			
nosotros/as	enseñamos	prestamos			
vosotros/as	enseñáis	prestáis			
ustedes, ellos/as	enseñan	prestan			

※ スペイン語の動詞は語尾によって，-ar 動詞，-er 動詞，-ir 動詞と呼ばれますが，後者 2 つは
かなり活用が似ていて，-ar 動詞と-er/-ir 動詞というふうに二分して考えることもできます。
ただし，直説法現在の活用は，1 人称複数と 2 人称複数が異なります。

◆ TAREA1：疑問文を日本語に訳し，下線部を代名詞に変えてカッコの指示に従い肯定

か否定で答えなさい。

1. ¿Toma usted la cerveza? (Sí)
   （あなたはビールを飲みますか？）　Sí, la tomo.
2. ¿Leen ustedes estas revistas? (No)
   （あなた方はこれらの雑誌を読みますか？）　No, no las leemos.
3. ¿Invitas a Pedro a la cena? (Sí)
   （君はペドロを夕食に招待する？）Sí, lo invito.
   ※a la cena の a は英語の前置詞 to に近く，着点・方向を表すものです。
4. ¿Nos mandáis estas frutas? (Sí)
   （君たちは，私たちにこれらのフルーツを送ってくれるの？）
   Sí, os las mandamos.
5. ¿Le regalas tu ropa a tu hermano? (No)
   （君の服を君の兄弟にあげるの？）　No, no se la regalo.

6. ¿Le presta usted <u>su pluma a ese chico</u>? (Sí)

（あなたはその少年にあなたのペンを貸しますか？）　Sí, se la presto.

◆ TAREA2：下線部が答えになる対話の疑問文を例にならって作りなさい。

例：Te compro <u>un ramo de flores.</u> ← ¿Qué me compras tú?

1. Me compras <u>un coche deportivo.</u>

　¿Qué te compro?

2. Os mando <u>un paquete</u> por correo.

　¿Qué nos mandas por correo?

3. <u>Les</u> regalo unos libros <u>a ustedes.</u>

　¿A quién (le) regalas unos libros?

4. Pedro <u>le</u> manda una carta <u>a Carmen</u>.

　¿A quién (le) manda Pedro una carta?

※ もし送る相手が複数であると分かっている場合は，「¿A quiénes (les) regalas…?」と聞くこともできますが，通常は誰に送るのかは想定されていないため，単数で聞くのが普通です。また「¿A quién〜?」の疑問文では通常間接目的格（le, les）を重複させませんが，地域や世代によっては重複させる必要があるとする話者もいます。

※ なお，comprar（買う）という動詞は，間接目的格代名詞がないと，「a＋人」が「人から」という意味を表します。

　　Le compro una muñeca a mi hija. 間接目的格あり：娘に人形を買います。

　　　（ただしこの関節目的格がある文も「娘から」という意味を表し得ます。）

　　Compro unos libros a mi amigo. 間接目的格なし：友達から何冊かの本を買います。

◆ TAREA3：次の日本語をスペイン語にしなさい。

1. ¿Dónde vive ella? —Ella vive en España.

2. ¿Qué estás comiendo? —Como paella.

3. ¿Qué hora es? —Son las dos y cuarenta y cinco de la tarde. (las tres menos cuarto, las quince menos cuarto, las catorce y cuarenta y cinco)

文法補遺

8．目的格代名詞の語順

　スペイン語は語順がかなり自由ですが，目的格代名詞の語順はかなり厳しく守られます。次のような枠組み構造があると理解してください。

主語（／目的語）　 (no) 間代・直代・人称変化した動詞 　目的語（／主語）・副詞など

　語順の例：枠組みの部分が一定であること。

　目的語が動詞に先行する場合，枠組みの中で重複する。

肯定文	否定文
Yo te lo doy.	Yo no te lo doy.
Yo te lo doy a ti.	Yo no te lo doy a ti.
Yo te doy el libro.	No te doy el libro yo.
A ti el libro te lo doy yo.	A ti el libro no te lo doy yo.

EJERCICIOS: Lección 6

動詞活用練習表　直説法現在規則動詞

	llegar	desayunar	correr	visitar	bailar
意味	到着する	朝食をとる	走る	訪れる	踊る
yo	llego	desayuno	corro	visito	bailo
tú	llegas	desayunas	corres	visitas	bailas
usted, él, ella	llega	desayuna	corre	visita	baila
nosotros/as	llegamos	desayunamos	corremos	visitamos	bailamos
vosotros/as	llegáis	desayunáis	corréis	visitáis	bailáis
ustedes, ellos/as	llegan	desayunan	corren	visitan	bailan

	viajar	comer	cancelar		
意味	旅行する	食べる	中止する		
yo	viajo	como	cancelo		
tú	viajas	comes	cancelas		
usted, él, ella	viaja	come	cancela		
nosotros/as	viajamos	comemos	cancelamos		
vosotros/as	viajáis	coméis	canceláis		
ustedes, ellos/as	viajan	comen	cancelan		

◆ TAREA 1：次の日本語をスペイン語にしなさい。

1. ¿Hay algo en la nevera? —No hay (ni) huevos ni leche.
※前にも ni があると，「卵も牛乳も何も」のように，強調のニュアンスが加わる。
2. ¿Qué hay debajo de ese escritorio? —No hay nada.
3. Juan no es español. Ana tampoco (es española).
4. Mi madre no está en la casa. Yo tampoco (estoy en la casa)/ Tampoco estoy.
※否定語については，初級のこの段階では，一文中に何度出てきても二重否定ではなく否定文
と考えます。

◆ TAREA 2：下線部を問うように疑問文を作り, 対話文にしなさい。

1. ¿A qué hora desayunas? —Desayuno a las siete menos cuarto.
   （何時に朝ごはんを食べるの？　―7時15分前に朝食を食べるよ。）
2. ¿Con qué comen ustedes? —Comemos con tenedor y cuchillo.
   （あなた方は何でご飯を食べますか？　―フォークとナイフで食べます。）
3. (país を使って)¿De qué país eres? —Soy de Japón.
   （どこの国の出身？　―日本の出身だよ。）
4. ¿De quién es este texto de español? —Es de mi compañero.
   （このスペイン語の教科書は誰のものですか？　―わたしの同級生のです。）
5. ¿A quién visitas? —Visito a mis abuelos.
   （誰を訪問するの？　―祖父母を訪ねるんだよ。）

◆ TAREA3：次の日本語をスペイン語にしなさい。

1. ¿De quién hablas? —Hablo de ti.
2. ¿A qué hora comes? —Como a las 12:30.
3. ¿A quién (le) escribes una carta? —Le escribo a mi abuelo.

EJERCICIOS: Lección 7

動詞活用練習表　直説法現在不規則動詞

	ir	dar	ver	saber	hacer
意味	行く	与える	見る	知っている	する
yo	voy	doy	veo	sé	hago
tú	vas	das	ves	sabes	haces
usted, él, ella	va	da	ve	sabe	hace
nosotros/as	vamos	damos	vemos	sabemos	hacemos
vosotros/as	vais	dais	veis	sabéis	hacéis
ustedes, ellos/as	van	dan	ven	saben	hacen

	salir	conocer	tener		
意味	出かける	知っている	持つ		
yo	salgo	conozco	tengo		
tú	sales	conoces	tienes		
usted, él, ella	sale	conoce	tiene		
nosotros/as	salimos	conocemos	tenemos		

vosotros/as	salís	conocéis	tenéis		
ustedes, ellos/as	salen	conocen	tienen		

◆ TAREA 1：次の中から適当な語句を選び対話文をつくり, 日本語に訳しなさい。

(leer las novelas, en bicicleta, en casa, con nuestros colegas)

1. ¿Dónde vais a cenar esta noche? （今晩君たちはどこで夕飯を食べるの？）
   Vamos a cenar en casa. （私たちは家で食べるつもりだよ。）
2. ¿Con quién van ustedes al cine? （あなた方は誰と映画に行くのですか？）
   Vamos con nuestros colegas. （私たちは私たちの同僚と行きます。）
3. ¿Cómo vas al parque? （どうやって公園に行くの？）
   Voy al parque en bicicleta. （私は自転車で公園に行くよ。）
4. ¿Qué vas a hacer mañana? （明日何する予定？）
   Voy a leer las novelas. （小説を読むつもり。）

◆ TAREA 2：カッコ内に動詞 tener を正しい形にし, 日本語に訳しなさい。

1. ¿No (tienen) ustedes tiempo? —No, (tenemos) que irnos inmediatamente.
   （あなた方は時間がないですか？　—はい, 私たちはすぐに行かねばなりません。）
2. ¿Cuántos yenes (tienes) tú? —(Tengo) mil quinientos yenes.
   （何円持ってる？　—1500 円持ってる。）
3. ¿Cuántos años (tiene) usted? —(Tengo) cincuenta años.
   （あなたはおいくつですか？　—50 歳です。）
4. Mi madre (tiene) dolor de estómago. （私の母はお腹を痛めています。）
5. María (tiene) que preparar la cena porque sus hijos (tienen) hambre.
   （マリアは彼女の息子たちがお腹を空かせているので, 夕飯を準備しないといけない。）

◆ TAREA 3：次の質問に自分の立場で答えなさい。

1. ¿Conoces Estados Unidos? （アメリカに行ったことがある？）
   ej: Sí, los conozco.　No, no los conozco.
2. ¿Sabes tocar algún instrumento musical? （何か楽器を弾ける？）
   ej: Sí, sé tocar el piano.　No, no sé tocar ningún instrumento musical.
3. ¿Qué haces los fines de semana? （（毎）週末は何をしてるの？）
   ej: Voy a trabajar en un restaurante italiano.

◆ TAREA 4：次の質問を訳し，例にならってカッコ内の語で答えなさい。

1. ¿Le vas a mandar esta tarjeta a Mariana? (Sí)
   君はマリアにこのカードを送るの？
   Sí, se la voy a mandar. /Sí, voy a mandársela
2. ¿Usted nos da la información de los exámenes finales? (Sí)
   あなたは私たちに期末試験の情報を教えてくださいますか？
   Sí, yo se las doy (a ustedes).
3. ¿Conoces a Lucía? (Sí) ルシアを知ってる？ —Sí, la conozco.

EJERCICIOS: Lección 8

動詞活用練習表　　直説法現在不規則動詞

	pensar	querer	sentir	poder	pedir
意味	考える	欲しい	感じる	できる	頼む
yo	pienso	quiero	siento	puedo	pido
tú	piensas	quieres	sientes	puedes	pides
usted, él, ella	piensa	quiere	siente	puede	pide
nosotros/as	pensamos	queremos	sentimos	podemos	pedimos
vosotros/as	pensáis	queréis	sentís	podéis	pedís
ustedes, ellos/as	piensan	quieren	sienten	pueden	piden

	jugar	venir	decir		
意味	遊ぶ	来る	言う		
yo	juego	vengo	digo		
tú	juegas	vienes	dices		
usted, él, ella	juega	viene	dice		
nosotros/as	jugamos	venimos	decimos		
vosotros/as	jugáis	venís	decís		
ustedes, ellos/as	juegan	vienen	dicen		

◆ TAREA1：カッコ内の語幹母音変化動詞を活用させ，完成した文を日本語に訳しなさい。

1. ¿A qué hora (venir→　vienes　) (tú) a mi casa? —Voy a las 5:30.
   （何時にうちに来る？　—5時半に行きます。）
2. Yo (pensar→　pienso　) que estás cansado.
   （疲れてるんじゃない？/私は，君が疲れているのではないかと思います。）

3. No (yo, querer→　quiero　) darte ni un yen.
（私は1円も君にあげたくない。）
4. ¿(Yo)(poder→　Puedo　) ir al baño? —Sí, por supuesto.
（トイレに行ってもいいですか？　—はい，もちろんです。）
5. ¿Qué (tú)(pedir→　pides　)? —(pedir→　Pido　) un helado.
（（君は）何を頼む？　—（私は）アイスクリームを注文します。）
6. ¿(tú)(poder→　Puedes　) venir mañana?
—Sí, (　Puedo　) ir mañana por la mañana.
（明日来られる？　—はい，明日の朝行けます。）
7. ¿(tú)(jugar→　Juegas　) al fútbol? —No, no (　juego　).
（サッカーしてる？　—ううん，してない。）
8. ¿(tú) Me (decir→　dices　) la verdad? —Sí, (　te　)(　digo　) la verdad.
（私に本当のことを言ってる？　—うん，言ってるよ。）
9. Yo (sentir→　siento　) mucho calor.
（私はとても暑いよ / 暑くてたまらないよ。）
10. ¿En qué (pensar→　piensas　) tú? —(pensar→　Pienso　) en ti.
（何を考えているの？　—君のことだよ。）

◆ TAREA2：次の質問に自分の立場で答えなさい。

1. ¿Juegas a UNO?　（ウノで遊ぶ？）
ej: Sí, lo juego. Sí, juego UNO.　／　No, no lo juego.
2. ¿Sientes calor ahora?　（いま暑い？）
ej: Sí, siento (mucho) calor ahora.　／　No, no siento calor.
3. ¿A qué hora vienes a la universidad los miércoles?
（毎週水曜日は何時に大学に来るの？）
ej: Los miércoles vengo a la universidad a las 8:00 AM.
4. ¿Qué quieres hacer después de las clases?　（放課後は何をしたい？）
ej: Quiero ir de compras con mis amigos.　（友達と買い物に行きたい。）

◆ TAREA3：

1. **querer** を使って自分がしたいこと，欲しいものをスペイン語で書きなさい。
ej: Quiero comer muchas tartas.
Quiero viajar a España y comer paella.
Quiero ahorrar dinero para comprar una guitarra. など
2. **poder** を使って自分ができることをスペイン語で書きなさい。
ej: ¿Puedo ir al baño?

No puedo comer natto.

Puedo estar en casa.

文法補遺

9．-ir 動詞で語幹の母音が e の動詞

pedir, medir, seguir, reír (re-ir) etc.

(é) i：活用は，アクセントが置かれ鋭くなって e が i になる。（口が閉じて強い音になる場合）

Pedir ⇒yo pido; medir⇒yo mido; seguir⇒ yo sigo; reír⇒ yo río (ri-o)

１０．Ir と venir

通常 ir「行く」／venir「来る」でほぼ問題ないが日本語とズレが生じる場合もある。（教室内で，教師が学生 A 君に対して）授業後，私の研究室に来てくれますか。（／行ってくれますか。）

¿Después de la clase puede usted ir a mi despacho?　Venir では違和感。

あくまで話者の所在から見て，離れる時は ir，近づく時は venir。

EJERCICIOS:　Lección 9

動詞活用練習表　直説法現在　再帰動詞

	levantarse	acostarse	irse	llamarse
意味	起きる，立つ	就寝する	立ち去る	〜という名前である
yo	me levanto	me acuesto	me voy	me llamo
tú	te levantas	te acuestas	te vas	te llamas
usted, él, ella	se levanta	se acuesta	se va	se llama
nosotros/as	nos levantamos	nos acostamos	nos vamos	nos llamamos
vosotros/as	os levantáis	os acostáis	os váis	os llamáis
ustedes, ellos/as	se levantan	se acuestan	se van	se llaman

	sentarse	quitarse	lavarse	limpiarse
意味	座る	〜を脱ぐ／取る	（自分を）洗う	〜を拭き取る／掃除する
yo	me siento	me quito	me lavo	me limpio
tú	te sientas	te quitas	te lavas	te limpias
usted, él, ella	se sienta	se quita	se lava	se limpia
nosotros/as	nos sentamos	nos quitamos	nos lavamos	nos limpiamos
vosotros/as	os sentáis	os quitáis	os laváis	os limpiáis
ustedes, ellos/as	se sientan	se quitan	se lavan	se limpian

◆ TAREA1：次の質問にスペイン語で答え，全文を訳しなさい。

1. ¿Cómo te llamas?（君の名前は何ですか？）
   ej: Me llamo José.（私はホセといいます。）
2. ¿Te miras en el espejo todas las mañanas?
   （君は毎朝鏡で自分(の姿)を見ますか？）
   ej: Sí, me miro en el espejo todas las mañanas.
   （はい，私は毎朝鏡で自分(の姿)を見ます。）
3. ¿A qué hora te levantas los domingos?（日曜日，君は何時に起床しますか？）
   ej: Me levanto a las seis de la mañana los domingos.
   （日曜日，私は朝6時に起きます。）
4. ¿Cómo se llama esta flor en español? (girasol)
   （この花はスペイン語で何と呼ばれていますか？）
   ej: Se llama girasol en español.（スペイン語では girasol と呼ばれています。）

◆ TAREA2：次の日本語をスペイン語にしなさい。

1. Tengo que ir a la universidad mañana.
2. Tienes que limpiar tu habitación (cuarto).
3. Hay que practicar mucho para mejorar.

◆ TAREA3：以下の2つの文を（ ）内の意味の文にして，日本語に訳しなさい。

1. María es guapa. Josefa es guapa.（と同じくらい）
   María es tan guapa como Josefa.（マリアはホセファと同じくらい美人だ。）
2. Aquella casa es antigua. Esta casa es antigua.（より古い）
   Aquella casa es más antigua que esta.（あの家はこの家よりも古い。）
3. Esta casa es moderna.（la ciudad の中で一番近代的）
   Esta casa es la más moderna de la ciudad.（この家は市内で最も近代的です。）
4. Nuestra obra es buena.（el concurso の中で一番良い）
   Nuestra obra es la mejor del concurso.（私たちの作品はコンクールの中で最も優れている。）
5. Mi hermano es alto.（la familia の中で一番高い）
   Mi hermano es el más alto de la familia.（私の兄（弟）は家族の中で一番背が高い。）

◆ TAREA4：次の日本語をスペイン語にしなさい。

1. (Tú) Eres más alto que yo.
2. Nuestra universidad es la más grande de la ciudad.

EJERCICIOS:　Lección 10

動詞活用練習表　過去分詞・現在分詞，直説法現在

	tomar	comer	vivir	estar	beber
意味	飲む，食べる，取る，	食べる，昼食をとる	生きる，経験する	〜である	飲む，飲酒する
過去分詞	tomado	comido	vivido	estado	bebido
現在分詞	tomando	comiendo	viviendo	estando	bebiendo
yo	tomo	como	vivo	estoy	bebo
tú	tomas	comes	vives	estás	bebes
usted, él, ella	toma	come	vive	está	bebe
nosotros/as	tomamos	comemos	vivimos	estamos	bebemos
vosotros/as	tomaís	coméis	vivís	estáis	bebéis
ustedes, ellos/as	toman	comen	viven	están	beben

	dormir	hablar	vestir	ir	abrir
意味	寝る	話す	着せる	行く	開く，開ける
過去分詞	dormido	hablado	vestido	ido	abierto
現在分詞	durmiendo	hablando	vistiendo	yendo	abriendo
yo	duermo	hablo	visto	voy	abro
tú	duermes	hablas	vistes	vas	abres
usted, él, ella	duerme	habla	viste	va	abre
nosotros/as	dormimos	hablamos	vestimos	vamos	abrimos
vosotros/as	dormís	habláis	vestís	vais	abrís
ustedes, ellos/as	duermen	hablan	visten	van	abren

	decir	escribir	hacer	morir	poner
意味	言う	書く	作る	死ぬ	置く
過去分詞	dicho	escrito	hecho	muerto	puesto
現在分詞	diciendo	escribiendo	haciendo	muriendo	poniendo
yo	digo	escribo	hago	muero	pongo
tú	dices	escribes	haces	mueres	pones
usted, él, ella	dice	escribe	hace	muere	pone
nosotros/as	decimos	escribimos	hacemos	morimos	ponemos
vosotros/as	decís	escribís	hacéis	morís	ponéis

	romper	ver	cantar	salir	venir
ustedes, ellos/as	dicen	escriben	hacen	mueren	ponen

	romper	ver	cantar	salir	venir
意味	壊す	見る	歌う	出る，出かける	来る
過去分詞	roto	visto	cantado	salido	venido
現在分詞	rompiendo	viendo	cantando	saliendo	viniendo
yo	rompo	veo	canto	salgo	vengo
tú	rompes	ves	cantas	sales	vienes
usted, él, ella	rompe	ve	canta	sale	viene
nosotros/as	rompemos	vemos	cantamos	salimos	venimos
vosotros/as	rompéis	veis	cantáis	salís	venís
ustedes, ellos/as	rompen	ven	cantan	salen	vienen

◆ TAREA1：下線部を現在完了形にして，日本語に訳しなさい。

1. Hoy me he levantado muy temprano. （今日，私はとても早く起きました。）
2. Hasta ahora hemos viajado muchas veces por Europa.
   （これまで，私たちは　ヨーロッパを何度も旅行しています。）
3. Este mes ha nevado mucho. （今月はたくさん雪が降りました。）
4. Mis padres me han dicho lo mismo. （私の両親は（も）同じことを私に言った。）
5. Hoy he escrito muchos mensajes a mi amiga española.
   （今日，私はスペイン人の友人に多くのメッセージを書きました。）

◆ TAREA2：次の文を「〜しているところだ」という現在進行形の文に直しなさい。

1. Ellos cantan en la sala. （彼らは部屋で歌う。）
   Ellos están cantando en la sala. （彼らは部屋で歌っている。）
2. Ella estudia español. （彼女はスペイン語を勉強する。）
   Ella está estudiando español. （彼女はスペイン語を勉強している。）

◆ TAREA3：次の日本語をスペイン語にしなさい。

1. ¿Ya has comido? —Sí, ya he comido.
2. Esta mañana nos hemos levantado muy temprano.
3. ¿Dónde están los niños? —Ellos están / Están durmiendo en la cama　todavía.
4. ¿Qué estás haciendo? ／¿Qué haces? —Estoy buscando un libro / los libros.
   ※スペイン語では「何してるの？」は「¿Qué haces?」という現在形で十分に表すことが
   　　でき，「¿Qué estás haciendo?」は英語の翻訳のようで不自然だという話者もいる。

5. El presidente es respetado por todos. / Todos respetan al presidente.

6. ¿Has estado alguna vez en México hasta ahora? —No, no he estado nunca.

　／No, nunca he estado (en México).

　　※nunca や tampoco のような否定語は, 活用動詞の前に置かれれば動詞を打ち消す「no」
　　　は不要になるが, 後ろに置かれる場合は打ち消しの「no」が必要。

文法補遺

１１.　　動詞の３品詞の性質を持った派生語

名詞的：不定詞（・・・すること）, 不定詞句を構成できる。

形容詞的：過去分詞（修飾する語と性数一致）, 時制は主文の動詞に対して完了。

副詞的：現在分詞 gerundio, 語形は性数不変化。時制は基本的に主文の動詞と同時。

（完了形なら前時）

　　　　現在分詞には, 英語の動名詞や形容詞としての用法はないとされ, スペイン語
が英語に比べ関係文が多用される原因となっている。

A singing boy　　／　×un cantando chico　○un chico que canta (está cantando)

EJERCICIOS:　Lección 11

動詞活用練習表　　直説法点過去規則動詞/綴りが不規則の動詞

	tomar	comer	vivir	escribir	visitar
意味	飲む, 取る	食べる	生きる, 住む	書く	訪れる
過去分詞	tomado	comido	vivido	escribido	visitado
現在分詞	tomando	comiendo	viviendo	escribiendo	visitando
yo	tomé	comió	viví	escribí	visité
tú	tomaste	comiste	viviste	escribiste	visitaste
usted, él, ella	tomó	comó	vivió	escribió	visitó
nosotros/as	tomamos	comimos	vivimos	escribimos	visitamos
vosotros/as	tomasteis	comisteis	vivisteis	escribisteis	visitasteis
ustedes, ellos/as	tomaron	comieron	vivieron	escribieron	visitaron

	aprender	salir	acostarse	llegar	empezar
意味	学ぶ	出かける	就寝する	到着する	始める
過去分詞	aprendido	salido	acostado	llegado	empezado
現在分詞	aprendiendo	saliendo	acostando	llegando	empezando
yo	aprendí	salí	me acosté	llegué	empecé
tú	aprendiste	saliste	te acostaste	llegaste	empezaste
usted, él, ella	aprendió	salió	se acostó	llegó	empezó
nosotros/as	aprendimos	salimos	nos acostamos	llegamos	empezamos

vosotros/as	aprendisteis	salisteis	os acostasteis	llegasteis	empezasteis
ustedes, ellos/as	aprendieron	salieron	se acostaron	llegaron	empezaron

◆ TAREA1：次の質問をスペイン語に訳し，自分の立場で答えなさい。

1. ¿A qué hora te acostaste anoche?　→Me acosté a las once de la noche.（私は　夜の 11 時に就寝した。）

2. ¿A qué hora te levantaste ayer?　→Ayer me levanté a las seis de la mañana.（昨日，私は朝の 6 時に起床したよ。）

3. ¿A qué hora saliste de casa?　→Salí de casa a las siete y media de la mañana.（私は午前 7 時半に家を出た。）

4. ¿Con quién cenaste ayer?　→Cené con mi hermana mayor ayer.（昨日，私は姉と晩御飯を食べたよ。）

動詞活用練習表　直説法点過去不規則動詞

	leer	pedir	dormir	estar	hacer
意味	読む	頼む	寝る	〜である	作る，する
過去分詞	leído	pedido	dormido	estado	hecho
現在分詞	leyendo	pidiendo	durmiendo	estando	hacienda
yo	leí	pedí	dormí	estuve	hice
tú	leíste	pediste	dormiste	estuviste	hiciste
usted, él, ella	leyó	pidió	durmió	estuvo	hizo
nosotros/as	leímos	pedimos	dormimos	estuvimos	hicimos
vosotros/as	leísteis	pedisteis	dormisteis	estuvisteis	hicisteis
ustedes, ellos/as	leyeron	pidieron	durmieron	estuvieron	hicieron

	venir	querer	poder	decir	ser/ir
意味	来る	欲しい，好きだ	〜できる	言う	〜である/行く
過去分詞	venido	querido	podido	dicho	sido/ido
現在分詞	viniendo	queriendo	pudiendo	diciendo	siendo/yendo
yo	vine	quise	pude	dije	fui
tú	viniste	quisiste	pudiste	dijiste	fuiste
usted, él, ella	vino	quiso	pudo	dijo	fue
nosotros/as	vinimos	quisimos	pudimos	dijimos	fuimos
vosotros/as	vinisteis	quisisteis	pudisteis	dijisteis	fuisteis
ustedes, ellos/as	vinieron	quisieron	pudieron	dijeron	fueron

◆ TAREA2：カッコ内の副詞句を加えて文を書き換え，日本語に訳しなさい。

1. Ceno muy tarde (anoche). 私はとても遅くに晩御飯を食べる（昨晩）。
   Cené muy tarde anoche. 昨晩，私はとても遅くに晩御飯を食べた。
2. Escribo una carta a la profesora (el mes pasado).
   私は先生に手紙を書く（先月）。
   Escribí una carta a la profesora el mes pasado.
   先月，私は先生に手紙を書いた。
3. Viajo en autobús de Valladolid a Salamanca (hace muchos años).
   私はバスでバジャドリーからサラマンカまで旅行する（何年も前に）。
   Viajé en autobús de Valladolid a Salamanca hace muchos años.
   何年も前に，私はバスでバジャドリーからサラマンカまで旅行した。

◆ TAREA3：カッコ内の動詞を点過去形に活用させ，日本語に訳しなさい。

1. Usted (leyó) muchos libros el mes pasado.
   （先月，あなたは多くの本を読みました。）
2. (Quise) verla, pero no (pude) la semana pasada.
   （それを見たかったけど／彼女に会いたかったけど，先週はできなかった。）
3. Mucha gente (vino) a la fiesta el sábado pasado.
   （多くの人々が先週の土曜日にお祭りに来た。）
4. (Estuviste) muy ocupada y no (pudiste) terminar el trabajo.
   （君はとても忙しく，仕事を終わらせられなかった。）
5. Ayer todo el día (estuve) en cama por la gripe.
   （昨日はインフルエンザで一日中ベッドにいた。）
6. Anoche (hubo) un terremoto bastante grande. （昨晩かなり大きな地震があった。）
7. ¿A dónde (fuiste) el lunes? —(Fui) de compras al centro comercial.
   （君は月曜日にどこに行ったの？　—私はショッピングモールに買い物に行ったよ。）
8. ¿Dónde (estuviste) anoche? —(Estuve) en el laboratorio.
   （君は昨晩どこにいたの？　—私は研究室にいたよ。）
9. ¿Qué (hiciste) el pasado fin de semana? —(Vi) una película española.
   （君は先週末は何をしたの？　—私はスペイン映画を見たよ。）
10. ¿Qué le (dio) a su hija para su cumpleaños? —Le (dio) una cartera.
    （彼/彼女は娘さんの誕生日に何をあげたのですか？　—彼/彼女は財布をあげました。）
11. ¿(tú) Me (dijiste) algo? —No te (dije) nada.
    （君は私に何か言ったかな？　—私は君に何も言わなかったですよ。）
12. ¿A dónde (fueron) ustedes ayer? —(Fuimos) a Kioto.
    （あなたたちは昨日どこに行ったのですか？　—私たちは京都に行きました。）

EJERCICIOS: Lección 12

動詞活用練習表　　直説法線過去形規則動詞/不規則動詞

	tomar	comer	vivir	estar	tener
意味	take	eat	live	be	have
過去分詞	tomado	comido	vivido	estado	tenido
現在分詞	tomando	comiendo	viviendo	estando	teniendo
yo	tomaba	comía	vivía	estaba	tenía
tú	tomabas	comías	vivías	estabas	tenías
usted, él, ella	tomaba	comía	vivía	estaba	tenía
nosotros/as	tomábamos	comíamos	vivíamos	estábamos	teníamos
vosotros/as	tomabais	comíais	vivíais	estabais	teníais
ustedes, ellos/as	tomaban	comían	vivían	estaban	tenían

	jugar	visitar	ser	ir	ver
意味	play	visit	be	go	see
過去分詞	jugado	visitado	sido	ido	visto
現在分詞	jugando	visitando	siendo	yendo	viendo
yo	jugaba	visitaba	era	iba	veía
tú	jugabas	visitabas	eras	ibas	veías
usted, él, ella	jugaba	visitaba	era	iba	veía
nosotros/as	jugábamos	visitábamos	éramos	íbamos	veíamos
vosotros/as	jugabais	visitabais	erais	ibais	veíais
ustedes, ellos/as	jugaban	visitaban	eran	iban	veían

◆ TAREA1：カッコ内の**動詞を線過去形**に活用させ，日本語に訳しなさい。

1. En aquel tiempo (estabas) en Salamanca. あの頃，君はサラマンカにいた。
2. Cuando (tenía) quince años, se mudó de México a Brasil.
   彼/彼女/あなたは，15歳だった時，メキシコからブラジルに引っ越した。
3. Como (estaba) muy cansada, me acosté temprano anoche.
   私（女性）はとても疲れていたから，昨夜は早く就寝した。
4. Cuando (era) niño, (iba) a la playa todos los veranos.
   子供（男）だった頃，毎夏ビーチに行っていた。

◆ TAREA2：カッコ内の**動詞を点過去・線過去のいずれか適当な形**にし，日本語に訳し

なさい。

54

1. Antes (había) un jardín botánico por aquí. 以前，この辺りに植物園があった。
2. Cuando (tenía) 20 años, María (se mudó) de Madrid a Lima.
   マリアは，20歳だった時，マドリードからリマに引っ越した。
3. Me dijeron que la biblioteca (estaba) abierta los domingos.
   （彼らは）日曜日は図書館が開いていると私に言った。（日曜日，図書館は開いているると言われました。）
4. Nosotros (visitábamos) a nuestros abuelos cada fin de semana.
   私たちは毎週末，祖父母を訪ねていた。
5. José no (pudo) venir, porque (estaba) enfermo.
   ホセは病気だったため来られなかった。

◆ TAREA3：次の2つの文を，関係詞を用いて一文にし，日本語に訳しなさい。

1. La chica que cocina bien es mi hermana. 料理が上手な女の子は私の姉（妹）だよ。
2. El hombre que come bien es mi amigo. その美食な男性は私の友人です。
3. Esta es la universidad en que estudio español. / Esta es la universidad   donde
   estudio español. これは私がスペイン語を勉強している大学です。
4. Fue en México donde conocí a mi novia. 私が彼女と知り合ったのはメキシコ でだった。

◆ TAREA4：次の日本語をスペイン語にしなさい。

1. Se habla español en Chile / En Chile hablan español.
2. ¿Cuánto se tarda de aquí a la estación?
3. ¿Qué tiempo hace hoy? —Hace buen tiempo (Hace sol), pero hace mucho frío.
4. Se me olvidó hacer los deberes (las tareas).

EJERCICIOS: Lección 13

動詞活用練習表　　直説法未来形 規則動詞/不規則動詞

	tomar	comer	poder	tener	decir
意味	take	eat	can	have	say
過去分詞	tomado	comido	podido	tenido	dicho
現在分詞	tomando	comiendo	pudiendo	teniendo	diciendo
yo	tomaré	comeré	podré	tendré	dire
tú	tomarás	comerás	podrás	tendrás	dirás
usted, él, ella	tomará	comerá	podrá	tendrá	dirá
nosotros/as	tomaremos	comeremos	podremos	tendremos	diremos
vosotros/as	tomaréis	comeréis	podréis	tendréis	diréis
ustedes, ellos/as	tomarán	comerán	podrán	tendrán	dirán

動詞活用練習表　　直説法過去未来形規則動詞/不規則動詞

	tomar	comer	poder	tener	decir
意味	take	eat	can	have	say
過去分詞	tomado	comido	podido	tenido	dicho
現在分詞	tomando	comiendo	pudiendo	teniendo	diciendo
yo	tomaría	comería	podría	tendría	diría
tú	tomarías	comerías	podrías	tendrías	dirías
usted, él, ella	tomaría	comería	podría	tendría	diría
nosotros/as	tomaríamos	comeríamos	podríamos	tendríamos	diríamos
vosotros/as	tomaríais	comeríais	podríais	tendríais	diríais
ustedes, ellos/as	tomarían	comerían	podrían	tendrían	dirían

◆ TAREA1：次の日本語を，未来形を使ってスペイン語にしなさい。また，1~3 は同じ文を

「**Me dijiste que …**」に続けて，過去未来形を使って書きなさい。

Ejemplo: 来週，私はアメリカに出発します。
Me marcharé a los Estados Unidos la próxima semana.
君は，「来週アメリカ合衆国に出発する」，と私に言った。
Me dijiste que te marcharías a los Estados Unidos la próxima semana.

1. Te visitaré esta tarde.
   Me dijiste que me visitarías esta tarde.
2. Comenzarán los exámenes la próxima semana. （試験を単数にして Comnezará でも
   可）

Me dijiste que comenzarían los exámenes la próxima semana (a la semana siguiente).

3. Mañana me levantaré a las cinco.

Me dijiste que mañana te levantarías a las cinco. (mañana でなく al día siguiente も可)

4. ¿Dónde estarán los niños a estas horas? —Estarán en el parque.

5. Me gustaría conocer tu país algún día.

◆ TAREA2：カッコ内に動詞 marcharse を適当な形にし，日本語に訳しなさい。

1. El próximo año María (se marchará) a Estados Unidos.
来年，マリアはアメリカ合衆国へ出発する。

2. La semana pasada María (se marchó) de Japón.
先週，マリアは日本を後にした。

3. María me dijo que ella (se marcharía) pronto.
マリアは近々出ていく（出発する）と私に言った。

◆ TAREA3：カッコ内の動詞を過去完了形にし，日本語に訳しなさい。

1. Cuando llegué al aeropuerto, ya (había salido) el avión.
私が空港に着いた時には，既に飛行機は出発していた。

2. Ana no (había bebido) "sake" (vino de arroz) antes de venir a Japón.
アナは日本に来る前に日本酒を飲んだことがなかった。

3. El profesor nos dijo que (había viajado) por España.
先生は私たちにスペインを旅行したことがあると言った。

4. Cuando tenía dos años, Kento ya (había empezado) a tocar el piano.
ケントは2歳の頃には既にピアノを弾き始めていた。

◆TAREA4：カッコ内の動詞を未来形または過去未来形に活用させ文を完成し，日本語

に訳しなさい。

1. La semana que viene nosotros (visitaremos) a nuestros amigos.
来週，私たちは友達を訪ねます。

2. No tengo reloj. ¿Qué hora (será) ahora? —(Serán) las seis.
私は時計を持っていない。今は何時だろう？　—6時でしょう。

3. (Serían) las tres de la madrugada, cuando volvimos a casa de la fiesta.
私たちがパーティから家に戻った時は，深夜3時だっただろう。

4. Me (gustaría) aceptar tu invitación, pero no podré.

　私は君のお誘いを受け入れたいけど，できない。

5. Mañana (nevará) en la zona montañosa.

　明日は山間部で雪が降るでしょう。

EJERCICIOS:　Lección 14

動詞活用練習表　　接続法現在形 規則動詞 / 不規則動詞

※以下動詞の意味は簡単に英語で書いていきます。

	tomar	comer	vivir	hacer	ver
意味	take	eat	live	do, make	see
過去分詞	tomado	comido	vivido	hecho	visto
現在分詞	tomando	comiendo	viviendo	haciendo	viendo
yo	tome	coma	viva	haga	vea
tú	tomes	comas	vivas	hagas	veas
usted, él, ella	tome	coma	viva	haga	vea
nosotros/as	tomemos	comamos	vivamos	hagamos	veamos
vosotros/as	toméis	comáis	viváis	hagáis	veáis
ustedes, ellos/as	tomen	coman	vivan	hagan	vean

	pensar	poder	estar	ser	ir
意味	think	can	be	be	go
過去分詞	pensado	podido	estado	sido	ido
現在分詞	pensando	pudiendo	estando	siendo	yendo
yo	piense	pueda	esté	sea	vaya
tú	pienses	puedas	estés	seas	vayas
usted, él, ella	piense	pueda	esté	sea	vaya
nosotros/as	pensemos	podamos	estemos	seamos	vayamos
vosotros/as	penséis	podáis	estéis	seáis	vayáis
ustedes, ellos/as	piensen	puedan	esten	sean	vayan

◆　TAREA1：カッコ内の動詞を活用させ文を完成し，日本語に訳しなさい。

1. Deseamos que <u>pasen ustedes</u> una feliz Navidad.

　私たちはあなた方が良い（幸せな）クリスマスを過ごされることを願います。

　→（私たちがあなた方に対して）どうぞ良いクリスマスをお過ごしください。

2. Espero que (tener, tú) <u>tengas</u> buen viaje.

　わたしは君が良い旅をすることを願っている。

　→良い旅を。

3. Mi novia me prohíbe que <u>fume</u>.
　僕の彼女は僕がタバコを吸うのを禁じる。

4. Es necesario que los jóvenes <u>piensen</u> bien.
　若者がよく考えることが必要だ。

5. Es una lástima que usted no <u>pueda</u> venir a la fiesta de mi cumpleaños.
　あなたが私の誕生日パーティに来られないことは残念です。

6. Me alegro de que tus hijos <u>estén</u> creciendo muy bien.
　君の息子たちが大変よく育っていることが嬉しい。

7. Siento mucho que Carlos no <u>venga</u> a la fiesta.
　カルロスがパーティに来られなくて本当に残念だ。

8. No creo que ellas <u>vengan</u> a la reunión a tiempo.
　私は彼女たちが集会に時間通りに来るとは（間に合うとは）思わない。

◆ TAREA2：次の動詞を使って，「君に〜してほしい」という文を作りなさい。

・Quiero que me escuches bien.　　（私は君に私の言うことをよく聞いてほしい。）
・Quiero que nos entiendas.　　（私は君に私たちのことを理解してほしい。）
・Quiero que vengas a nuestra casa.　　（私は君に私たちの家へ来てほしい。）
・Quiero que lo pienses bien.　　（私は君にそれをよく考えてほしい。）
・Quiero que estés conmigo.　　（私は君に一緒にいてほしい。）
・Quiero que seas más honesto.　　（私は君がもっと正直であってほしい。）

◆ TAREA3：各組カッコ内の動詞を直説法または接続法に変化させ文を完成し，意味の

違いに注意しながら日本語に訳しなさい。

1. Conocemos al intérprete que (hablar→habla) inglés y español.
　私たちは英語とスペイン語を話す通訳を知っている。
　Buscamos un intérprete que (hablar→hable) inglés y español.
　私たちは英語とスペイン語を話す通訳を探している。

2. María ha comprado un chalet que (tener→tiene) piscina.
　マリアはプールのある別荘を買った。
　María quiere comprar un chalet que (tener→tenga) piscina.
　マリアはプール付きの別荘を購入したい。

3. He ido de compras a una bodega donde (se vender→se venden) marcas chilenas.
　私はチリの銘柄が売られているワイナリーに買い物に行った。
　¿Conoce usted una bodega donde (se vender→se vendan) marcas chilenas?
　あなたはチリの銘柄が売られているワイナリーを知っていますか？

◆ TAREA4：以下の日本語文になるように，続けてスペイン語文を作りなさい。

1. Te voy a explicar bien **para que** lo entiendas .
2. **Aunque** sea difícil, lo lograré.
3. Tenemos que limpiar la casa **antes de que** lleguen nuestros amigos .
4. Después de levantarme, pongo la televisión **para que** mi familia también se levante.

EJERCICIOS: Lección 15

動詞活用練習表　　肯定命令

	tomar	comer	escribir	pensar	jugar
意味	take	eat	write	think	play
tú	toma	come	escribe	piensa	juega
vosotros/as	tomad	comed	escribid	pensad	jugad

	decir	ir	hacer	poner	venir
意味	say	go	do, make	put	come
tú	di	ve	haz	pon	ven
vosotros/as	decid	id	haced	poned	venid

動詞活用練習表　　否定命令

	tomar	comer	escribir	pensar	jugar
tú	No tomes	No comas	No escribas	No pienses	No juegues
vosotros/as	No toméis	No comáis	No escribáis	No penséis	No juguéis

	decir	ir	hacer	poner	venir
tú	No digas	No vayas	No hagas	No pongas	No vengas
vosotros/as	No digáis	No vayáis	No hagáis	No pongáis	No vengáis

動詞活用練習表　　接続法過去形 規則動詞/不規則動詞

	tomar	comer	vivir	ser	dar
意味	take	eat	live	be	give
過去分詞	tomado	comido	vivido	sido	dado
現在分詞	tomando	comiendo	viviendo	siendo	dando
yo	tomara	comiera	viviera	fuera	diera
tú	tomaras	comieras	vivieras	fueras	dieras
usted, él, ella	tomara	comiera	viviera	fuera	diera
nosotros/as	tomáramos	comiéramos	viviéramos	fuéramos	diéramos
vosotros/as	tomarais	comierais	vivierais	fuerais	dierais
ustedes, ellos/as	tomaran	comieran	vivieran	fueran	dieran

	querer	poder	hacer	decir	haber
意味	want, like	can	do, make	say	～がある
過去分詞	querido	podido	hecho	dicho	habido
現在分詞	queriendo	pudiendo	haciendo	diciendo	habiendo
yo	quisiera	pudiera	hiciera	dijera	hubiera
tú	quisieras	pudieras	hicieras	dijeras	hubieras
usted, él, ella	quisiera	pudiera	hiciera	dijera	hubiera
nosotros/as	quisiéramos	pudiéramos	hiciéramos	dijéramos	hubiéramos
vosotros/as	quisierais	pudierais	hicierais	dijerais	hubierais
ustedes, ellos/as	quisieran	pudieran	hicieran	dijeran	hubieran

◆　TAREA1：次の文の目的語を代名詞に変え，肯定と否定の命令文に直し日本語に訳し

なさい。

1. Usted toma el café.（あなたはコーヒーを飲む。）：
   Tómelo.（あなたはそれを飲んでください。）
   No lo tome.（あなたはそれを飲まないでください。）
2. Abren la puerta.（あなた方はドアを開く。）：
   Ábranla.（あなた方はそれを開いてください。）
   No la abran.（あなた方はそれを開かないでください。）
3. Invitas a Pedro.（君はペドロを招待する。）：
   Invítalo.（彼を誘って。）
   No lo invites.（（君）彼を誘わないで。）
4. Preparáis los deberes.（君たちは宿題をやる・準備する。）：
   Preparadlos.（それらをやりなさい。）
   No los preparéis.（それをやらないで・準備しないで。）

5. Te lavas las manos.（君たちは手を洗う。）：
   Lávatelas.（手を洗って。）
   No te las laves.（手を洗わないで。）
6. Me dices la verdad.（君は私に本当のことを言う。）：
   Dímela.（私にそれを言って。）
   No me la digas.（私にそれを言わないで。）

◆ TAREA2：カッコ内の次の動詞を活用させ文を完成し，日本語に訳しなさい。

1. Deseábamos que (pasar, ustedes) pasaran una feliz Navidad.
   私たちはあなた方が幸せなクリスマスを過ごすことを祈っていました。
2. Yo esperaba que (tener, tú) tuvieras buen viaje.
   私は君が良い旅行をするのを望んでいた。
3. Mi novia me prohibió que (yo, fumar) fumara.
   私の彼女は私が喫煙するのを禁止した。
4. Era necesario que los jóvenes (pensar) pensaran bien.
   若者がよく考えることが必要だった。
5. Era una lástima que usted no (poder) pudiera venir a mi cumpleaños.
   あなたが私の誕生日に来られなかったことは残念でした。
6. Sentí mucho que ellas no (venir) vinieran a la fiesta.
   私は彼女たちがパーティに来なかったことを大変申し訳なく思う。（彼女たちがパーティに来なくて本当に残念だ）
7. Yo no creía que Miguel (venir) viniera a la reunión en punto.
   私はミゲルが時間通りに会合に来るとは思っていなかった。

◆ TAREA3：各組カッコ内の動詞を直説法または接続法に変化させ文を完成し，意味の

違いに注意しながら日本語に訳しなさい。

1. Conocíamos al intérprete que (hablar→hablaba) inglés y español.
   私たちは英語とスペイン語を話す通訳を知っていました。
   Buscábamos un intérprete que (hablar→hablara) inglés y español.
   私たちは英語とスペイン語を話す通訳を探していた。
2. María compró un chalet que (tener→tenía) piscina.
   マリアはプールのある別荘を買った。
   María quería comprar un chalet que (tener→tuviera) piscina.
   マリアはプールのある別荘を買いたかった。

62

3. Fui de compras a una bodega donde (se vender→se vendía) marcas chilenas.
私たちはチリの銘柄が売られている/を売っているワイナリーに買い物に行った。

¿Conocía usted una bodega donde (se vender→se vendiera) marcas chilenas.
あなた／彼女／彼は，チリの銘柄が売られている/を売っているワイナリーを知っていますか？

◆ TAREA4：カッコ内の次の動詞を活用させ文を完成し，日本語に訳しなさい。

1. Te lo expliqué para que lo (entender→entendieras) bien.
私は君がそれをよく理解するように説明した。

2. Te di mi número de teléfono, en caso de que (perder→perdieras) el camino.
君が道に迷った場合に備えて，私は君に自分の電話番号を渡しました。

3. Aunque no le (gustar→gustara) a usted, debió aceptar el nuevo reglamento.
あなたが気に入らなくても，新しい規約を承諾するべきでした。

初級スペイン語

エクセレンテ!!! 三訂版

別冊「ワーク練習問題」

©2021 年 1 月 30 日　初版発行

著　　者	志波　彩子
	西村　秀人
	水戸　博之
	渡辺　有美
	(あいうえお順)

発行者　　　　　　　　　　　　原　雅久

発行所　　　　　　　　　　　朝日出版社
〒１０１−００６５東京都千代田区西神田３−３−５
電話０３（３２３９）０２７１
FAX０３（３２３９）０４７９
振替口座００１４０−２−４６００８
http://text.asahipress.com/spanish/

印刷・製本　　　　　　信毎書籍印刷（株）

✎EJ8　下線にスペイン語を入れて全文を訳しなさい。

2-32

1) ¿Dónde estuviste anoche? — _____ en la casa de mis padres.

2) ¿Por qué lo hiciste? — Lo _____ porque lo quisiste.

3) ¿Quíén (venir)_____ la semana pasada? — _____ sus padres.

4) Los profesores no (venir)_____ ayer por la gripe.

5) Yo (querer)_____ verte, pero no (poder)_____.

b) 語幹に **j** が加わり変化し、3人称複数の語尾が **-ieron** ではなく **-eron** になる動詞

	decir
yo tú él, ella, usted	dije dijiste dijo
nosotros / nosotras vosotros / vosotras ellos, ellas, ustedes	dijimos dijisteis dij**eron**

✎EJ9　下線にdecir と必要な語を入れて全文を訳しなさい。

2-33

1) ¿ (Tú) Me _____ algo? — No _____ _____ nada.

2) ¿Qué te _____ el profesor? — _____ _____ , "tienes que estudiar más."

3) ¿Por qué (tú) me _____ la verdad ? — Porque eres amiga de confianza.

c) 特殊な不規則変化をする動詞 **ser / ir, dar, ver**
　　点過去で ser と ir は同じ変化。区別は文脈による。

	ser / ir	**dar**	**ver**
yo tú él, ella, usted	fui fuiste fue	di diste dio	vi viste vio
nosotros / nosotras vosotros / vosotras ellos, ellas, ustedes	fuimos fuisteis fueron	dimos disteis dieron	vimos visteis vieron

2-34

✎**EJ10**　下線にスペイン語を入れて全文訳しなさい。

1) ¿Ayer (ver)＿＿＿＿＿ usted a María? — No, no la ＿＿＿＿＿.

2) ¿A dónde (tú , ir)＿＿＿＿＿ ayer? — ＿＿＿＿＿ al teatro.

3) ¿Qué te (dar)＿＿＿＿ tu novio para tu cumpleaños. — ＿＿＿＿ ＿＿＿＿＿ unas rosas.

4) Los jugadores (hacer)＿＿＿＿＿ las maletas y (irse)＿＿＿＿＿ sin decirnos nada.

5) Anteayer mis hermanos (ir)＿＿＿＿＿ al cine con sus amigos.

2-35

1-4　～前に…した：[hacer + 経過時間 + que + 点過去]

__Hace__ un año __que__ viajé por Chile.

__Hace__ dos semanas __que__ comí pescado crudo en un restaurante japonés.

Cf. Hace 4 horas que estudio aquí.

✎**EJ11**

1) わたしは８ヶ月前にスペイン語をならい始めました。

(　　　　)(　　　　　) meses (　　　　)(　　　　　) a aprender español.

2) 彼女には１週間前に会ったよ。

(　　　　)(　　　　) semana (　　　)(　　　)(　　　　).

2-36

DIÁLOGO

¡Vamos a practicar en parejas!

1) A: 昨日誰とご飯を食べたの？　　— B: ＿＿＿＿＿ と／ひとりで食べたよ。

　 A: 何を食べたの？　　　　　　 — B: ＿＿＿＿＿ を食べたよ。

《ヒント》

✧ 食べ物：pizza, carne, pescado, hamburguesa, fideos, pan, arroz, etc.

2) A: 昨晩何時に寝たの？ — B: ＿＿＿＿ に寝たよ。

    A: で、何時に起きたの？ — B: ＿＿＿＿ に起きたよ。

3) A: 先週どこに行った？ — B: ＿＿＿＿ に行ったよ。

    A: 誰と行ったの？ — B: ＿＿＿＿ と行ったよ。

    ❖ 場所：cine, centro comercial, tienda, biblioteca, acuario, casa de mis amigos, etc.

4) A: 昨日何したの? — B: ＿＿＿＿ したよ。

    ❖ 活動：ver la película, ir de compras, bailar en la fiesta, hacer compras por internet, etc.

📖 | この課で学習したこと |

1. 点過去の規則形：tomar, comer, vivir の活用を言ってみよう！
2. 点過去の不規則形：hacer, decir, ir の活用を言ってみよう！
3. 隣の人と昨日何時に寝たか質問しあおう！

前置詞 2

por 経由・手段／方法	Voy a Barcelona por París.（～経由で） Te lo mando por correo.（郵便で）
hasta desde 場所・時	¿Desde dónde hasta dónde van ustedes en avión? — Vamos en avión desde Guatemala hasta Panamá. ¿Puedes esperar hasta las tres ? Estoy ocupado desde el día 15.

Lección 12

線過去・関係詞・一般人称表現

1 線過去 pretérito imperfecto

点過去が過去の時点でのその動作の完了・終結を意識しているのに対し、線過去では過去のある時点でその行為や出来事が終わったかどうかに意識がない。行為や出来事がいつ始まりいつ終わったかには無関心で、単に過去のある時点でその動作・出来事が続いていたことを表す。

1-1 活用　一人称単数と三人称単数は同形　　活用表に練習しよう！

規則変化：: -ar → **-aba**, -er / -ir → **-ía**　　アクセントは常に同じ位置

	tomar	comer	vivir
yo	tomaba	comía	vivía
tú	tomabas	comías	vivías
él, ella, usted	tomaba	comía	vivía
nosotros / nosotras	tomábamos	comíamos	vivíamos
vosotros / vosotras	tomabais	comíais	vivíais
ellos, ellas, ustedes	tomaban	comían	vivían

不規則変化：3動詞のみ

	ser	ir	ver
yo	era	iba	veía
tú	eras	ibas	veías
él, ella, usted	era	iba	veía
nosotros / nosotras	éramos	íbamos	veíamos
vosotros / vosotras	erais	ibais	veíais
ellos, ellas, ustedes	eran	iban	veían

Lección 12

1-2 用法　〔2-37〕

① 過去の未完了の動作や状況、状態を表す [1]

1) Como estaba muy ocupado/a, no pude venir.

2) Antes (haber)＿＿＿＿＿ un restaurante por aquí.

3) Mi hermano (comer)＿＿＿＿＿ mi tarta cuando llegué a casa.

4) De niña María (vivir)＿＿＿＿＿ en Brasil.

5) Cuando (tener, yo)＿＿＿＿＿ cinco años, empecé a aprender el piano.

6) (ser)＿＿＿＿＿ las cinco, cuando salimos de casa.

② 過去の習慣や繰り返された行為を表す

1) Cada año yo iba a Argentina.

2) Mis abuelos (ir)＿＿＿＿＿ al cine los fines de semana.

3) De niño mi hermano (jugar)＿＿＿＿＿ al fútbol en este campo.

4) Nosotros (visitar)＿＿＿＿＿＿＿ a nuestros abuelos cada fin de semana.

1-3 点過去と線過去の用法の比較

一定の時間的枠内の継続や反復事象は点過去で述べる。事態が終了したことが明確にされれば、習慣や存在、状態も点過去として述べられる。

✎**EJ1**　2つの過去時制に気を付けて全文を訳そう。　〔2-38〕

1) El año pasado dos veces fui a Cuba. / Cada año yo iba a Cuba, cuando era joven.

2) Estuve tres años en Salamanca. / En aquel tiempo yo estaba en Salamanca.

3) De 1998 hasta 2010 viví en Osaka. / De niña María vivía en Brasil.

4) Estuve estudiando desde las ocho hasta las dos. /

　　　　　　　　　　　　　　　　　　Estaba estudiando, cuando me visitaron.

5) Ayer hubo un terremoto grande. / Antes había un parque por aquí. [2]

✎**EJ2**　"Cuando yo …" で文を始めて、過去の出来事について書いてみよう。

1) Cuando yo (ser　　　　　) niño/a, no me (gustar　　　　　) ＿＿＿＿＿＿

2) Cuando (tener　　　　) 12 años, (vivir　　　　　) en (　　　　　).

3) Cuando (tener　　　　) 18 años, (empezar　　　　　) a aprender ＿＿＿＿.

4) Cuando ＿＿＿＿＿＿＿＿＿＿＿＿＿＿＿＿＿＿＿＿＿＿＿＿＿

1　tener, ser, estar, vivir, haber＋物のように、非動作性の動詞はその状態や状況が完結したという意識が薄いため、線過去との相性が良い。

2　hay 存在構文では、〔haber＋物〕は出来事の開始と終了が不明瞭な「存在」を表すので線過去を用い、〔haber＋出来事〕は1回的な出来事なので点過去を用いる。

✎EJ3   カッコ内の動詞を点過去・線過去のいずれか適当な形にしよう。

1) Cuando (yo)($_{llegar}$) a casa, mi hermano ($_{leer}$) mi diario.

2) Ayer ($_{ir}$) a la casa de mis abuelos.

3) Cuando ($_{ser}$) estudiante del bachillerato, ($_{jugar}$) al fútbol.

4) Antes ($_{ir}$) a la piscina todas las semanas.

5) Cuando ($_{sonar}$) el teléfono, ($_{estar}$) en el baño.

1-4 時制の一致 【decir que】

Me **dicen** que el restaurante **está** cerrado los lunes. （現在＋現在）

Me **dijeron** que el restaurante **estaba** cerrado los lunes. （点過去＋線過去）

✎EJ4   動詞 decir を過去形に書き換えて全文を訳しなさい。

1) Me **dicen** que la universidad **está** abierta los domingos.

2) Te **digo** que no **soy** novia de Juan.

2 関係詞 relativo

2-1 関係代名詞 pronombre relativo

① **que** の用法：先行詞である名詞（人・事物）を修飾する。性数変化なし。

［主格］   **La chica** es Carmen. *La chica* canta bien.
        → **La chica** *que* canta bien es Carmen.

［直接目的格］   Conozco **a la chica**. *La chica* canta bien.
        → **La chica** *que* conozco canta bien.

✎EJ5   次の２つの文を関係詞を用いて一文にし、全文を訳しなさい。

1) La chica es mi hermana. Ella baila bien.

2) El hombre es profesor. El hombre habla muy bien español.

3) Conozco el hotel. El hotel está cerca de la playa.

4) Estoy buscando el reloj. El reloj me lo regaló mi padre.

② **el que, la que, los que, las que** の用法：先行詞は人・事物。

[前置詞 + 定冠詞 + que]

※先行詞が人の場合、定冠詞は省略しない。

※先行詞が物の場合、a, con, de, en に続く定冠詞は省略されることが多い。

※前置詞が2音節以上の場合（para, contra, entre などの）の場合、定冠詞は省略できない。

La chica quiere verte.　　　Te hablé **de la chica**.

→ La chica [*de la que* te hablé] quiere verte.

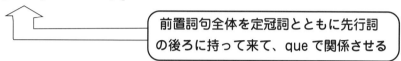

前置詞句全体を定冠詞とともに先行詞の後ろに持って来て、que で関係させる

Conozco al chico. El chico es Pepe

→ El chico *al que* conozco es Pepe.

Esta es la casa. En la casa vive mi familia.

→ Esta es la casa *en (la) que* vive mi familia.

✎**EJ6**　　次の2つの文を関係詞を用いて一文にし、全文を訳しなさい。

1) Esta es la escuela. Estudié en esta escuela cuando era niña.

2) Este es el profesor. Voy a hablar personalmente con el profesor.

3) Ya llegaron los jugadores. Preparamos la cena para los jugadores.

③ **lo que** の独立用法: 先行詞は事物。 lo = eso ～するもの・こと

No entiendo lo que quiere decir usted.

Todo lo que necesitamos es cerrar los ojos para relajarnos.

2-2 関係副詞 adverbio relativo

2-41

donde（場所）　先行詞は場所を含意する名詞。

Aquí está el café donde (en que) hablé con ella por primera vez.

Pueden venir ustedes al laboratorio donde van a ver el experimento.

✎**EJ7**　　次の2つの文を関係詞 donde を用いて一文にし全文を訳しなさい。

1) Fue en Buenos Aires. En Buenos Aires conocí a mi novia.

2) Vamos a ir al parque. Podemos jugar al fútbol ahí.

Lección 12

2-42　**3**　**一般人称表現**

① **動作主の背景化1【se＋3人称単数／複数³】** 動作主が不明もしくは一般の人

En Cataluña se (hablar)＿＿＿＿＿＿ catalán.

¿Por dónde se (ir)＿＿＿＿＿＿ a la estación?

　— Se (ir)＿＿＿＿＿＿ derecho por esta calle.

¿Cuánto se (tardar)＿＿＿＿＿＿ desde aquí a la universidad?

　— Se (tardar)＿＿＿＿＿＿ media hora en metro.

② **動作主の背景化2【（主語なし＋）3人称複数】**

(Hablar)＿＿＿＿＿＿ español en Argentina.

Me (decir)＿＿＿＿＿＿ que hoy va a llover.

③ **無意志的な se【se＋間接目的格＋3人称】**

Se me olvidó llevar conmigo el paraguas.⁴

Se nos olvidaron las llaves.

✎**EJ8**　次の文をスペイン語文にしよう。

1) 宿題やるの、忘れちゃった。(yo)

2) スペイン語の教科書を忘れちゃったよ。(yo)

④ **天候【常に3人称単数】**

¿Qué tiempo hace hoy?　— Hoy hace buen tiempo. / Hace mucho calor. / Hace mucho frío. / Hace sol. / Hoy llueve mucho. / Está nevando. / Va a llover esta tarde.

✎**EJ9**　**Ejemplo**: ¿Qué tiempo hace en Okinawa?　— Hace mucho calor.

Ejemplo　　　　　1) Madrid　　　　2) Ciudad de México　　3) Tokio

3　目的語がある場合は、動詞はこの目的語の数に一致する（が、一致させない使用も増えてきている）。自動詞の場合は、常に動詞は3人称単数となる。

4　この文の主語は後ろの不定詞句である。「忘れてしまう」という事態に関係する人を間接目的格で表現する。

⑤ 時間経過【常に３人称単数】

¿Cuántos años hace que viven ustedes aquí? — Hace diez años que vivimos aquí.

Hace mucho que no la veo.

Hace una semana que comimos junto con mis padres.

✎**EJ10** 次の問いにスペイン語で答えよう。

¿Cuánto tiempo hace que aprendes español?

DIÁLOGO

 2-43

¡Vamos a practicar en parejas!

1) A: Hoy hace mucho frío, ¿no?　　— B: Pues sí, me estoy congelando.

A: ¿Cómo viniste a la universidad?　　— B: Vine {en bicicleta/ a pie}.

A: ¿En serio? ¿Cuánto se tarda de tu casa hasta aquí?

　　　　　　— B: Se tarda como {25/ 15} minutos.

2) A: Cuando era niño/a, vivía en Guinea Ecuatorial, en África.

　　　　　　— B: ¿De verdad? ¿Qué idioma hablan allí?

A: Se habla español. Pero también hay mucha gente que habla francés y portugués.

3) A: 今日はどんな天気?　　— B: ＿＿＿＿＿＿だよ。

A: 宿題やった？　　— B: やるの忘れちゃった。

A: どこから駅にいけますか？　　— B: ここから行けます。

4) Cuando era niño/niña に続けて、自分の子供のころをペアに話してみよう！

【ヒント：tocar el piano, jugar al béisbol, bailar el ballet, comer poco, gustar, etc.】

📖 この課で学習したこと

1. 直説法線過去形の：hablar，aprender の活用を言ってみよう！
2. 点過去と線過去の用法の違いを考えて文を作ってみよう！
3. 様々な関係詞を理解しましたか。

Lección 13

未来・過去未来・過去完了・不定語〈2〉

1 未来・過去未来 futuro, condicional

1-1 未来形、過去未来形の活用

これまでは -ar/-er/-ir といった語尾が変化していたが、未来形・過去未来形では、原形 (tomar) に活用語尾が後接する (tomar + é) のが特徴である。語尾変化は-ar/-er/-ir の全ての規則活用、不規則活用で同一である。語尾変化の語源は haber の現在形および線過去形の語尾だと覚えておくと覚えやすい。

規則変化

	未来形	haber 現在形	過去未来形	haber 線過去形
yo tú él, ella, usted	tomaré tomarás tomará	he has ha	comería comerías comería	había habías había
nosotros / nosotras vosotros / vosotras ellos, ellas, ustedes	tomaremos tomaréis tomarán	hemos habéis han	comeríamos comeríais comerían	habíamos habíais habían

✎EJ1 次の動詞を未来形と過去未来形にしてみよう。

1. visitar
2. estar
3. ser
4. ir
5. estudiar
6. hablar

1-2 不規則変化動詞：未来形、過去未来形の語幹が短縮化する動詞

語尾アクセントの影響で語幹の音節を短縮化する：未来形・過去未来形は同じ語幹

① 語尾の **-e** が脱落したうえで未来形・過去未来形の語尾が付く動詞

poder : podré, podría　　　haber : habré, habría　　　querer : querré, querría

② 語尾の**-e, -i** が**-d** になり未来形・過去未来形の語尾が付く動詞

poner : pondré, pondría　　　salir : saldré, saldría　　　tener : tendré, tendría
venir : vendré, vendría

③ 特殊な変化をする動詞

    hacer : haré, haría   decir : diré, diría

✎EJ2   次の動詞を未来形と過去未来形にしてみよう。

1. poder   5. poner

2. tener   6. haber

3. venir   7. salir

4. decir   8. hacer

1-3　未来形の用法

① 未来の事柄を示す

  El año que viene (yo, terminar)＿＿＿＿＿＿＿＿＿ la carrera.

  Cf. El año que viene voy a terminar la carrera.[1]

② 現在の推量

  未来の事態は話し手にとって不確かなことである。この不確かさが現在の推量の
  用法に発展した。

  Ya serán las cinco.

  ¿Dónde (estar)＿＿＿＿＿＿＿＿＿ José a estas horas?

    — (estar)＿＿＿＿＿＿＿＿＿ en la biblioteca.

③ 命令（主に２人称単数、実現を強く要求する命令）

  Comerás todo.

  No (salir)＿＿＿＿＿＿＿＿＿ de casa hoy.

  Lo (hacer)＿＿＿＿＿＿＿＿＿ inmediatamente.

1-4　過去未来形の用法

① 過去の一時点よりも後に起こる事態を示す

  María me dijo que se marcharía pronto.

  Cf. María se marchará pronto.（未来）

  主節の事態（マリアが私に言った時点）よりも従属節の事態（すぐに出発する）
  が後に起こる出来事なので過去未来を用いる。

1　中南米では、この用法は "ir +a +inf." で代用することが多い。

② 過去の推量：未来形が現在の推量を表すのに対し、過去未来は過去の推量を表す。

Ya (ser)＿＿＿＿＿＿＿＿ las cinco, cuando volvimos a casa.

Mi tío (tener)＿＿＿＿＿＿＿＿ 60 años en aquella época.

③ 婉曲表現：遠回しに実現可能性の低い希望や丁寧な依頼を述べる。

Me (gustar)＿＿＿＿＿＿＿＿ hablar con usted.[2]

¿(Usted に対して) (poder)＿＿＿＿＿＿＿＿ cerrar la ventana?

2-46

1-5 時制の一致

【現在／現在完了 ＋ que ＋ 未来】

El pronóstico del tiempo **dice (ha dicho)** que **lloverá** mañana.

【点過去／線過去 ＋ que ＋ 過去未来】

El pronóstico del tiempo **dijo (decía)** que **llovería** al día siguiente.

✎**EJ3**　日本語の意味になるように下線にスペイン語を入れよう。

1) 兄は、私たちは今日の午後、東京を出発すると言っている。

Mi hermano ＿＿＿＿＿ que (irse)＿＿＿＿＿＿＿ de Tokio esta tarde.

2) 私の両親は、祖父母があさって私に会いに来るだろうと言っている。

Mis padres ＿＿＿＿＿ que mis abuelos ＿＿＿＿＿ a verme pasado mañana.

3) 上の2つの文を「〜と言った」という文にしてみよう。

2-47 **2** 過去完了（複合時制 tiempo compuesto）

△	△	△
出来事時	基準時	発話時

empezar el examen　　yo llegar al aula

Ya **había empezado** el examen cuando llegué al aula.

完了とは、ある基準時よりもその出来事が時間的に前に起きたことを表す。上の例は基準時が発話時より前にあるので過去完了である。

(基準時が発話時と同時であるのが現在完了、発話時より後にあるのが未来完了。)

2　gustar を使った婉曲表現は、実現可能性の低い希望によく用いられる。なお、querer の婉曲表現には querría よりも quisiera が使われる。（接続法過去形 P.90 参照）

2-1 完了形の活用

	現在完了	過去完了	過去分詞（不変化）
haber	現在形	線過去形	
yo	he	había	tomado
tú	has	habías	comido
él, ella, usted	ha	había	vivido
nosotros / nosotras	hemos	habíamos	vuelto
vosotros / vosotras	habéis	habíais	puesto
ellos, ellas, ustedes	han	habían	roto

2-2 過去完了（大過去）の用法 pretérito pluscuamperfecto de indicativo
[**haber** 線過去形＋過去分詞（不変化）]

① 過去の一時点より前に終わった事柄を示す

Ya (despegar)＿＿＿＿＿＿＿＿＿ el avión, cuando llegué al aeropuerto.

El equipo (terminar)＿＿＿＿＿＿＿＿＿ el trabajo antes del atardecer.

Cuando llegamos a la estación, ya (salir)＿＿＿＿＿＿＿＿＿ el tren.

Cuando tenía doce años, Hiroshi ya (empezar)＿＿＿＿＿＿＿＿＿ a aprender español.

② 過去のある時点までの経験を示す（それまでに…したことがあった）

Los alumnos dijeron que nunca (estar)＿＿＿＿＿＿＿＿＿ en España.

Pedro no (fumar)＿＿＿＿＿＿＿＿＿ hasta que ingresó en la universidad.

La profesora me dijo que (viajar)＿＿＿＿＿＿＿＿＿ por México.

María no (beber)＿＿＿＿＿＿＿＿＿ "sake" (vino de arroz) antes de venir a Japón.

3 不定語〈2〉　¡Vamos a practicar en parejas!

otro　代名詞、形容詞として用いられる。**性数の変化がある。**

1) A: ¿Quiere usted ＿＿＿＿＿＿ café?

B: Sí, por favor.

A: ¿Y＿＿＿＿＿＿ tarta?

B: No, no gracias, está bien.

2) A: Me gusta mucho la película de Hayao Miyazaki.

   B: ¿Cuál te gusta más?

   A: Casi todas. Pero sobre todo, me encantó "El castillo en el cielo".

     No hay _____ película como esa.

3) A: Hay dos tartas. ¿Cuál es mía?

   B: La de chocolate es tuya, y la _____ es mía.

todo　代名詞、形容詞として用いられる。**性数の変化がある。**

1) A: Esta semana _____ los días tenemos exámenes.

   B: Pues _____ el día tenemos que estudiar mucho.

2) A: ¿Te comiste _____ la tarta?

   B: Sí, no puedo comer más.

cada　形容詞だが語形変化がない。

A: ¿_____ cuánto tiempo sale el tren?

B: Sale _____ media hora.

TRABALENGUAS

(1) La araña se enmaraña cada mañana.
   Mariana mira a la araña desenmarañar su maraña de tela de araña.

(2) Tomás, ¿tostaste tostadas de tomates atestadas?
   Tales tostadas no tomes, toma tomates sin tostar.

(3) Compró Paco pocas copas. Y como pocas copas compró, pocas copas Paco pagó.

(4) En Asia así asía la taza, pues así se hacía en Asia.

(5) Cuando cuentes cuentos, cuenta cuántos cuentos cuentas porque cuando cuentas cuentos, nunca cuentas cuántos cuentas.

(6) Tres tigres tragaban tres platos de trigo, de trigo trigueño, de trigo y triguillo.

縮小辞について

スペイン語では「親しみ」「可愛らしさ」「小ささ」を表現する場合に縮小辞（-ito, -ita, -illo, -illa, -cillo, -cilla）がよく使われます。

例：pájaro → pajarito, chica → chiquita, pequeño → pequeñito,
   perro → perrito, cama → camita

中には palo（棒・柱・木材）と palitos / palillos（箸）、zapatos（靴）と zapatillas（スリッパ・バレエシューズ）、señora（夫人）と señorita（未婚女性の敬称）のように異なるものを指すケースもあります。「大きいもの」を表す増大辞という接尾辞もありますが、軽蔑の意味を伴うこともあるので使う時には注意が必要です。

DIÁLOGO

2-51

¡Vamos a practicar en parejas!

1) A: ¿Cuándo (hacer) _____ esta tarea?

   B: La _____ por la noche.

   A: Hoy (salir)_____ con tus amigos a las 8, ¿no?

   B: Entonces la _____ hasta las 7 y media.

2) A: ¿Fuiste al aeropuerto a despedirte de tu novia?

   B: Sí, pero cuando (llegar)_____, ella ya (pasar)_____ por la aduana. No (poder)_____ verla.

   A: Ay, ¡qué lástima!

3) A: 毎日授業ある？

   B: うん、毎日あるよ。／ないよ。

4) A: 昨日何した？

   B: 一日中　　　　したよ。

《ヒント》 dormir, estar en casa, ver la película, andar por el centro, bailar en la fiesta, hacer compras, estudiar inglés, leer novelas, etc.

この課で学習したこと

1. 直説法未来形、過去未来形の規則形の活用：comer で言ってみよう！
2. 直説法未来形、過去未来形の不規則形の活用：tener, hacer を言ってみよう！
3. 直説法過去完了形の活用と用法について理解しましたか。
   「大学に着いたときにはすでに試験が始まっていた」を言ってみよう！
4. 不定語 otro, todo, cada について理解しましたか。
   otra chica, otro país, toda la semana, cada tres años はそれぞれどんな意味かな？

Lección 14

接続法現在・不定詞

1 接続法現在 presente de subjuntivo

スペイン語では直説法とともに接続法という「法」が用いられる。「法 modo」とは、話者の事柄に対する心的態度を動詞の語形変化で表す文法カテゴリーである。

直説法（客観・現実）　　　⟷　　　接続法（主観・非現実的、仮想）

話者の主観は介在しない　　　　　　話者の主観、評価（価値判断）、仮想が介在

1-1 接続法現在の活用

語尾変化の母音が入れ替わる：-ar 動詞 (a → e) /-er/-ir 動詞 (e, i → a)

規則変化：一人称単数と三人称単数は同形。アクセントの位置は直説法現在と同じ。

	tomar	**comer**	**vivir**
yo	tome	coma	viva
tú	tomes	comas	vivas
él, ella, usted	tome	coma	viva
nosotros / nosotras	tomemos	comamos	vivamos
vosotros / vosotras	toméis	comáis	viváis
ellos, ellas, ustedes	tomen	coman	vivan

不規則活用：

① 直説法現在一人称単数の不規則変化をもとに接続法現在の語尾変化をする動詞
-er, -ir 動詞のみ。語幹は一定。

	不定詞	直説法現在	接続法現在	同形の動詞
-go > -ga	hacer	yo hago	haga	poner, tener, salir, venir
	decir	yo digo	diga	
-eo > -ea	ver	yo veo	vea	—

② 語幹母音変化動詞：直説法現在との同じ語幹母音変化をする動詞。

アクセントのパターン同じ。

不定詞	直現 1 単	接現 1 単	直現 1・2 複	接現 1・2 複
pensar	yo pienso	piense	pensamos, pensáis	pensemos, penséis
querer	yo quiero	quiera	queremos, queréis	queramos, queráis
poder	yo puedo	pueda	podemos, podéis	podamos, podáis

③ 特殊な変化をする動詞

不定詞	直現 1 単	接続法現在
dar	yo doy	dé, des, dé, demos, deis, den
estar	yo estoy	esté, estés, esté, estemos, estéis, estén
ser	yo soy	sea, seas, sea, seamos, seáis, sean
haber	(hay)	haya, hayas, haya, hayamos, hayáis, hayan
ir	yo voy	vaya, vayas, vaya, vayamos, vayáis, vayan

✎**EJ1**　次の動詞を接続法現在形に活用させよう！

estudiar, escribir, hablar, aprender, tener, pensar, venir, entender, ser

1-2 接続法現在の用法

2-52

① 名詞節：スペイン語では主節が**主観**や**仮想**を示す場合、que で導かれる従属節の
動詞は接続法で表現される。

　　　直説法との比較　直説法　Quiero ir a la fiesta. ＜(Voy a la fiesta.)
　　　　　　　　　　　　接続法　Quiero que *vayas* a la fiesta. ＜(Vas a la fiesta. yo ≠ tú)

✎**EJ2**　次の動詞を接続法にして「君に～してほしい」と言ってみよう。

2-53

comer más, tomar esta medicina, ver esa película, leer este libro, escucharme bien, etc.

　願望：　Espero que (mejorarte)＿＿＿＿＿＿＿ pronto.
　　　　　Te deseo que todo te (ir)＿＿＿＿＿＿＿ bien.

　命令：　El profesor me ha dicho que (yo, terminar)＿＿＿＿＿＿＿ las tareas
　　　　　inmediatamente.
　　　　　　　Cf.　El profesor me ha dicho que (el profesor) termina las tareas
　　　　　　　inmediatamente.（命令ではない）

禁止： María le prohíbe a José que (tomar)＿＿＿＿＿＿ vino.[1]

価値判断：Es necesario que los alumnos (estudiar)＿＿＿＿＿＿ más.

Es una lástima que usted no (poder)＿＿＿＿＿＿ venir a la fiesta.

感情： Me alegro de que te (gustar)＿＿＿＿＿＿ esta ciudad.

Siento mucho que tu hijo (estar)＿＿＿＿＿＿ enfermo.

否定的思考： No creo que María (venir)＿＿＿＿＿＿ a la reunión.

Cf. Creo que María viene a la reunión.

✎EJ3　次の動詞を接続法にして「私に〜してほしい？」と言ってみよう。

estar contigo, ayudarte, decírselo, hacerlo, etc.

✎EJ4　次のフレーズに続けて、以下の動詞を活用させて言ってみよう。

1) "Espero que 〜"

(tú) estar bien, entendernos, (ellos) venir a nuestra casa, (tú) ser más honesto

2) "El profesor me ha dicho que 〜（命令）"

(yo) estudiar más, (yo) leer más libros, (nosotros) pensarlo bien, etc.

3) "Es una lástima que 〜"

(tú) no ir con nosotros, (ellos) no comer carne, no entendernos bien

2-54　② 形容詞節：先行詞に未定・不特定・仮定の事柄がある場合、que で導かれる従属節の動詞は接続法で表現される。

未定・不特定・仮定の事柄（直説法：特定・実在の事柄）

Buscamos una persona que (hablar)＿＿＿＿＿＿ chino.

（直説法：Conocemos a una (la) persona que habla chino.）

María quiere comprar un chalet que (tener)＿＿＿＿＿＿ piscina.

（直説法：María ha comprado el chalet que tiene piscina.）

Busco un restaurante italiano donde se (comer)＿＿＿＿＿＿ bien por aquí.

2-55　③ 副詞節

目的： Te dejo un mapa **para que** no (perder)＿＿＿＿＿＿ el camino.

譲歩： **Aunque** (estar)＿＿＿＿＿＿ enfermo, no iré al hospital.

1　命令や禁止は相手に話し手がそうして欲しい事を伝えるもので、願望にとても近い。いずれも未実現の事態である点で共通している。

条件： **En el caso de que** no (venir)＿＿＿＿＿＿＿ la profesora, la sustituiré
en las clases.

Cf. Si no viene la profesora, la sustituiré en las clases.（si+直説法現在, ...）

未定の方法：Lo haré, **como** le (gustar)＿＿＿＿＿＿＿.

未来の時間節：**Cuando** me (visitar)＿＿＿＿＿＿＿ mis amigos, les prepararé
los platos típicos japoneses.

Tenemos que limpar la casa **antes de que** ellos (llegar)＿＿＿＿＿＿＿.

Cuando tú (salir)＿＿＿＿＿＿＿ de casa, tendrás que dejarme un recado.

Cuando (ver)＿＿＿＿＿＿＿ a María, se lo diré.

📝**EJ5**　カッコ内の次の動詞を活用させ文を完成し、日本語に訳そう。

1) Te voy a explicar bien para que (manejar　　　　　) bien la máquina.

2) Te doy mi número de teléfono, en el caso de que (perder　　　　　) el camino.

3) Aunque no le (gustar　　　　　) a usted, deberá aceptar el nuevo reglamento.

4) Antes de que (empezar　　　　　) la fiesta, tendremos que limpiar la sala.

④ 慣用的な表現

Haga lo que haga, no me importa.

Diga lo que diga, no me escuchas.

2-56

2　不定詞

名詞的に用いられ、主語、目的語、補語になる。スペイン語の不定詞は動詞の原形と同じ形。またそれに代名詞が続くことにより不定詞句を形成することも可能。

① 【ser 動詞+形容詞+不定詞】　～すること

2-57

Es muy fácil **aprender** español.

Para los alumnos no es fácil **conseguir** la beca.

Es muy divertido **tocar** los instrumentos musicales con amigos.

② 【前置詞 de＋不定詞】

Después de **terminar** el trabajo, vamos a salir de compras.
Antes de **salir** de casa, hay que asegurar la llave.

③ 【al＋不定詞】　〜するとき、〜したとき、〜すると

Al **entrar** en la casa, se quitan los zapatos.
Al **ir** de viaje, hay que llevar el pasaporte.
Al **escuchar** esta música, me pongo alegre.

✎**EJ6**　以下の文に続けてスペイン語文を作ろう。

1) Es muy fácil _____

2) Después de terminar la clase, _____

3) Al llegar a la universidad, _____

✎**EJ7**　¡Vamos a practicar en parejas!

1) Espero que〜 と自分の願望（自分の行為以外）を話してみよう！

2) Me alegro de que〜 と自分の嬉しい感情を伝えてみよう！

3) Yo quiero comprar〜 と自分の欲しいものを関係節を使って話してみよう！

4) Cuando〜 という未来のことを言う文を作ってみよう！

5) Para mí es muy difícil〜 と自分にとって難しいことを話してみよう！

6) Después de terminar la clase〜 と授業後のことについてペアに話してみよう！

願望文

接続法現在は願望表現に頻繁に用いられるため、願望の動詞がなくても、接続詞 que につづけるだけで、願望の意味を表します。

¡Que tengas un buen fin de semana!

より強い願望には ojalá という表現（アラビア語起源）が用いられます。

¡Ojalá que ella venga a la fiesta!

♪ ¡Vamos a cantar!

'RECUÉRDAME (SOUNDTRACK DE LA PELÍCULA COCO)'

Recuérdame, hoy me tengo que ir mi amor
Recuérdame, no llores por favor .....

LECTURA

2-60

La razón de ser del subjuntivo

Se dice que el modo subjuntivo va a desaparecer en la mayoría de las lenguas modernas. Mientras tanto, en español se usa mucho tanto en la lengua escrita como en la hablada. Esto no significa que sea una lengua muy conservadora y anticuada, sino que, manteniendo el subjuntivo, el español es capaz de expresar todo el universo de la manera más viva y gráfica.

📖 この課で学習したこと

1. 接続法現在：「君に〜してほしい！」「ぼくに〜してほしい？」と言ってみよう！
2. 「君がパーティーに来れないのは残念だ」と言ってみよう！
3. 「ぼくは大きい庭付きの家がほしい」と言ってみよう！
4. 「スペイン語を話すのは簡単だ」と言ってみよう！

Lección 15

命令法・接続法過去・反事実条件文

1 命令法 imperativo

1-1 肯定命令

① 命令法独自の活用形は肯定命令２人称単数と複数のみ

	tomar	comer	escribir	pensar	jugar
tú	**toma**	**come**	**escribe**	**piensa**	**juega**
vosotros/as	**tomad**	**comed**	**escribid**	**pensad**	**jugad**

vosotros/as：原形語尾 -r を -d にかえる。例外なし。

*上記以外の人称は接続法現在を用いる。

② 特殊な２人称単数の活用形（不規則）

	decir	ir	hacer	poner	venir
tú	**di**	**ve**	**haz**	**pon**	**ven**

1-2 肯定命令と否定命令の目的格人称代名詞の語順

	肯定命令	否定命令
tú に対して	**come** esta sopa (**cómela**)	no comas esta sopa (no **la** comas)
vosotros/as に	**comed** esta sopa (**comedla**)	no comáis esta sopa (no **la** comáis)
usted に	coma esta sopa (cóma**la**)	no coma esta sopa (no **la** coma)
ustedes に	coman esta sopa (cóman**la**)	no coman esta sopa (no **la** coman)

① 肯定命令：代名詞を後置し一語にする。<u>動詞単独の時のアクセント</u>を保つ。

② 否定命令：代名詞は **no** と動詞の間にはさまれる（通常の語順）。

全ての人称に対する否定命令はすべて接続法現在形を用いる。

✎**EJ1**　次の文の目的語を代名詞に変え、肯定と否定の命令文に直し、日本語に訳しなさい。

1. Usted toma la cerveza
2. Compráis esta computadora.

3. Ustedes abren la puerta.

4. Comes este pastel.

5. Ustedes leen estas revistas.

6. Esperas a Pedro.

7. Laváis la ropa.

8. Haces los deberes.

9. Invitáis a María.

10. Usted lo piensa bien.

DIÁLOGO

 2-62

¡Vamos a practicar en parejas!

下線部1～3を入れ替えて練習してみよう！

A: Mañana ₁tengo examen de química…

B: ¿En serio? ¡Que te vaya muy bien!

A: Gracias. Ojalá que ₂no sea tan difícil.

B: ₃Todavía tienes tiempo. Estudia mucho.

1) 1. voy a ir a un restaurante italiano con mi amiga (novia)
   2. no sea tan caro
   3. Ponte la chaqueta y prepara algún chiste

2) 1. Voy a tocar el piano en un concierto
   2. no me equivoque
   3. Prepárate bien y ten confianza en ti mismo

その他、自分たちでも会話をアレンジして考えてみよう！

ラテンアメリカ原産の果物と野菜

　現在日本で食されている野菜や果物にラテンアメリカ原産のものがけっこう多く含まれています。トマト（アンデス高地原産、tomate）、トウモロコシ（中米、maíz）、ジャガイモ（ペルー、patata/papa）、サツマイモ（南メキシコ、batata）、トウガラシ（メキシコ説とアンデス説あり、ají）、かぼちゃ（アンデス高地、calabaza）、ピーマン（中米、pimiento）、ピーナッツ（南米、maní）、カカオ（中米、cacao）、アボカド（メキシコ、aguacate）などを挙げることが出来ます。ちなみに日本で「アンデスメロン」をよく見かけますが、これは日本で品種改良されたメロンで「安心です（アンシンデス）」というところから来たネーミングなので、アンデス地域とは何の関係もありません。

Lección 15

2 接続法過去（-ra 形）pretérito imperfecto de subjuntivo

2-1 活用　規則変化・不規則変化ともに直説法点過去３人称複数形語尾 -ron を -ra, -ras, -ra, -ramos, -rais, -ran（ser の線過去の語尾）に置き換える。アクセントの位置は移動しない。

	tomar		comer		vivir	
	語幹	語尾	語幹	語尾	語幹	語尾
点過去３人称複数形	toma**ron**		comie**ron**		vivie**ron**	
yo	tom**a**ra		com**ie**ra		viv**ie**ra	
tú	tom**a**ras		com**ie**ras		viv**ie**ras	
él, ella, usted	tom**a**ra		com**ie**ra		viv**ie**ra	
nosotros / nosotras	tom**á**ramos		com**ié**ramos		viv**ié**ramos	
vosotros / vosotras	tom**a**rais		com**ie**rais		viv**ie**rais	
ellos, ellas, ustedes	tom**a**ran		com**ie**ran		viv**ie**ran	

2-2 直説法が不規則動詞の変化例　　[不定詞>点過去３人称複数形>接続法過去]

ser   > fueron   > fuera　　　　　querer > quisieron > quisiera
estar > estuvieron > estuviera　　poder > pudieron > pudiera
dar   > dieron   > diera　　　　　hacer > hicieron > hiciera
leer   > leyeron   > leyera　　　　decir > dijeron   > dijera
pedir > pidieron > pidiera　　　　haber > hubieron > hubiera

EJ2　次の動詞を接続法過去形に活用させよう。

1. hablar　　　4. venir　　　7. ir
2. viajar　　　5. tener　　　8. poder
3. escribir　　6. aprender　9. decir

2-3 時制の一致（接続法現在の用例に対応する文例）

主節：直説法の過去時制（点過去／線過去）、que 従属節：接続法過去

直説法との比較　　直説法　Quiero que vayas a la fiesta.
　　　　　　　　　接続法　Quise / Quería que *fueras* a la fiesta.

EJ3　「君に〜してほしかった」という文を作って言ってみよう。

comer más, tomar esta medicina, estar aquí, leer este libro, estudiar más, etc.

① 名詞節

📎**EJ4**　下線に接続法過去形を入れて全文を訳しなさい。

2-63

願望：　　Esperaba que (mejorarte)＿＿＿＿＿＿＿ pronto.

Te deseaba que todo te (ir)＿＿＿＿＿＿＿ bien.

命令：　　El profesor me dijo que (yo, terminar)＿＿＿＿＿＿＿ las tareas inmediatamente.

禁止：　　María le prohibió a José que (tomar)＿＿＿＿＿＿＿ vino.

価値判断：　Era necesario que los alumnos (estudiar)＿＿＿＿＿＿＿ más.

Fue una lástima que usted no (poder)＿＿＿＿＿＿＿ venir a la fiesta.

感情：　　Me alegré de que te (gustar)＿＿＿＿＿＿＿ esta ciudad.

Sentí mucho que tu hija (estar)＿＿＿＿＿＿＿ enferma.

否定的思考：　No creía que María (venir)＿＿＿＿＿＿＿ a la reunión.

Cf.　Creía que María venía a la reunión.

② 形容詞節

📎**EJ5**　下線に接続法過去形を入れて全文を訳しなさい。

2-64

1) Buscábamos una persona que (hablar)＿＿＿＿＿＿＿ chino.
   (直説法：Conocíamos a una (la) persona que hablaba chino.)

2) María quería comprar un chalet que (tener)＿＿＿＿＿＿＿ piscina.
   (直説法：María compró el chalet que tenía piscina.)

3) Buscaba un restaurante italiano por aquí donde se (comer)＿＿＿＿＿＿＿ bien.

③ 副詞節

📎**EJ6**　下線に接続法過去形を入れて全文を訳そう。

2-65

目的：Te dejé un mapa **para que** no (perder)＿＿＿＿＿＿＿ el camino.

時：Tuvimos que limpiar la casa **antes de que** ellos (llegar)＿＿＿＿＿＿＿.

3 **si** を使った反事実の条件文
非現実の条件文 **condición irreal**

① 現在の事実に反する事柄を仮定する

【条件節：**si**＋接続法過去，帰結節：直説法過去未来】
「もし仮に〜ならば、〜する（のだが／のに）」

✎**EJ7** 下線に接続法過去形を入れて全文を訳しなさい。

Si yo (ser)＿＿＿＿＿＿ usted, no pensaría así como me ha dicho.

Si yo (ser)＿＿＿＿＿＿ un pájaro, podría volar para verte ahora mismo.

Si yo (tener)＿＿＿＿＿＿ más dinero ahora, compraría una mejor computadora.

② 過去の事実に反する事柄を仮定する
【条件節：**si** ＋接続法過去完了，帰結節：直説法過去未来完了】
「もし仮に〜だったら／〜していたら、…した（のだが／のに）」
接続法過去完了の **haber** の活用形【haber 接続法過去形＋過去分詞（不変化）】

［haber ＋過去分詞（不変化）］

	直説法過去未来完了		接続法過去完了	
yo tú él, ella, usted	habría habrías habría	tomado	hubiera hubieras hubiera	tomado
nosotros / nosotras vosotros / vosotras ellos, ellas, ustedes	habríamos habríais habrían		hubiéramos hubierais hubieran	

✎**EJ8** 下線に接続法過去完了形を入れて全文を訳しなさい。

Si yo (ser)＿＿＿＿＿＿ usted en aquella situación, no habría pensado así.

Si yo (ser)＿＿＿＿＿＿ un pájaro, habría podido volar para verte aquel
día.

Si yo (tener)＿＿＿＿＿＿ más dinero el año pasado, habría comprado una
mejor computadora.

✎EJ9　　¡Vamos a practicar en parejas!

1) Esperaba que～　と自分の望んでいたことを話してみよう！

2) Si fuera～　と、もし自分が～なら、～するのに、という話をしてみよう！

3) Si hubiera sido～　と、もし自分が～だったら、～したのに、という話をしてみよう！

DIÁLOGO

2-68

Francisco : ¡Hola, Leticia! ¡Tanto tiempo! ¿Qué tal fue el viaje por México?

Leticia : Muy bonito. Fue mi primer viaje por México y me impresionaron sobre todo las comidas.

Francisco : ¿Cuál te gusta más?

Leticia : Me gusta más el mole poblano que los tacos. Nunca probé el sabor del pollo con la salsa hecha de chocolate, chile, almendra, ajo y cebolla. Antes de comer sentí algo raro, pero es muy rico.

Francisco : Es una de las tradiciones más importantes de los indígenas mexicanos. Si yo hubiera nacido en Puebla, habría comido mole todos los días desde muy chico.

Leticia : También me encantó la tortilla mexicana. Pero parece que no tiene nada que ver con la tortilla española.

Francisco : Verdad que sí. La tortilla española es de huevos batidos y luego fritos con patatas. La mexicana es de grano de maíz seco, o de harina con la que podemos preparar tacos, burritos o enchiladas. ¿Te gustan las comidas picantes?

Leticia : No, no me gustan tanto. Pero me encantan las comidas mexicanas.

PREGUNTAS

1. ¿Por dónde viajó Leticia?
2. ¿Cuál es la comida mexicana que le gusta más a Leticia?
3. ¿De qué es la tortilla española?
4. ¿Qué plato se puede cocinar con la tortilla mexicana?
5. ¿Le gusta comer cosas picantes a Leticia?
6. ¿Has probado alguna vez la comida mexicana?

📖 この課で学習したこと

1. 肯定命令と否定命令：「それをわたしにください」「それをわたしに言わないで」と言ってみよう！
2. 接続法過去の活用：「君に～してほしかった」と言ってみよう！
3. si を使った現在と過去の条件文「もし仮に～だったら、…していた」と言ってみよう！

Apéndice

1 独立文

感嘆文

【¡qué + 名詞・形容詞・副詞!】【¡cuánto/a/os/as + 名詞・形容詞・副詞・動詞! (数量)】
【¡cómo + 動詞! (状況)】

¡Qué hermoso paisaje! / ¡Qué paisaje tan hermoso!

¡Qué bien canta! / ¿Se tarda 30 horas en llegar a Argentina? ¡Qué lejos!

¡Cuántos libros hay en su despacho! / ¡Cuánto tiempo sin verte!

¡Cuántas vacas! /¡Cuánto llora! / ¡Cómo corre tan rápido !

2 日本語との対応で注意を要する直説法と接続法の表現

1）que + 直説法を使用する表現

Estoy seguro/a (cierto/a) que han llegado a tiempo allí. （否定文では que+接続法）

Supongo que eran las cinco cuando me visitaron.

Sospecho que va a haber tormenta.

（suponer, sospechar などの動詞は「～ではなかろうか」と肯定の意味が含まれているため直説法をとる。否定を表す場合には否定詞を従属文におく。）

2）que + 接続法を使用する表現

Es lógico (natural) que los ricos paguen más impuesto que los pobres.

Dudo que venga él.

Niego que venga él.

（dudar, negar などの動詞は肯定文でありながら「～とは思えない」という否定の意味が含まれているため接続法をとる。）

  Cf. No creo que venga él. （肯定文では que + 直説法）

3）直説法・接続法のいずれも可能な構文

① 疑惑文 Quizá/ Tal vez + 主に直説法未来（確実性）/ + 接続法（強い疑惑・低い可能性）

Quizá(=Quizás)vendrá él. たぶん彼は来るだろう / Quizá venga él. ひょっとして来るかもしれない

Tal vez eso será verdad. それは本当だろう / Tal vez eso sea verdad. それは本当かもしれない

② lo que + 直説法（現実・実際）/ + 接続法（仮定・未定）

Haz lo que digo. （今）私が言うことをしなさい / Haz lo que diga. （これから）私が言うことをしなさい

Diga lo que quieres.（今）君が望んでいることを言いなさい / Diga lo que quieras. 君が望んでいることがあれば言いなさい

③ **Dado que** + 直説法（事実：〜ので）/ + 接続法（仮定：〜であれば）

Dado que no hay vuelo directo a Madrid, tengo que hacer escala en París.

Dado que no haya vuelo directo a Madrid, tendré que hacer escala en París.

④ **el caso de que** + 直説法（問題・事件）/ el caso de que + 接続法（〜の場合には）

Me habló sobre el caso de que estaba realmente preocupado.

En el caso de que tengamos dinero en reserva, podremos comprar un coche más.

⑤ **A pesar de que** + 直説法（事実：〜であるけれど）/ + 接続法（仮定：たとえ〜であっても）

A pesar de que estoy enfermo, voy a la fiesta.

A pesar de que esté enfermo, iré a la fiesta.（主文の動詞は未来形）

⑥ **de modo que** + 直説法（結果）/ + 接続法（目的・結果）

Este verano hace mucho calor, de modo que se aumenta el consumo de helado.

El verano debe ser caluroso, de modo que se aumente el consumo de helado.

⑦ **el hecho de que** + 直説法（断定）/el hecho de que + 接続法（前提、話者の判断）
多くの場合接続法が使われる。

El hecho de que no autoricen el documento, significa que no puedo prolongar la permanencia.

3 -se 形について

接続法過去にはもう一つ -se 形がある。活用は -ra 形の -ra を -se に置き換えただけである。二つの形とも現代スペイン語において意味はほとんど変わらないが、-ra 形の方が多く用いられる傾向があるため本書では主として-ra 形を扱う。

fuera → fuese, estuviera → estuviese

4 vos の命令形について

アルゼンチンを中心とした広い地域で2人称単数 tú にかわって vos を使用することがある。vos 独自の活用は直説法現在と肯定命令のみ。直説法現在の活用は -ar/-er 動詞では2人称複数の語尾の i が脱落した形（tomar → tomás, comer → comés）、-ir 動詞は2人称複数と同じ形（vivir → vivís）になる。
肯定命令では語尾の -r が脱落し、最後にアクセントがつく。

	tomar	comer	escribir	pensar	volver	jugar	servir
vos	tomá	comé	escribí	pensá	volvé	jugá	serví

LECTURA の訳

「スペインとラテンアメリカの食べ物」(P.50)

　スペインとラテンアメリカの食べ物にはたくさんの有名な料理があります。例えば、パエリア、チュロス、アヒージョ、イベリコ豚の生ハム、ジャガイモのトルティージャ、タコス、トウモロコシのトルティージャ、チョリソ、アサード、セビーチェなどです。たぶんこのうちのいくつかはご存知の方もいるでしょう。

パエリア（スペイン料理）

　おそらく、スペイン料理の中でパエリアは、日本国内はもとより、世界的にも最もよく知られている料理でしょう。スペインの代表的な料理で、レシピの種類が豊富です。それらのいずれにも、お米、野菜、そしてオリーブオイルが使われます（含まれます）。これらの食材の他に、料理人たちは通常、レシピに応じて魚や肉、またはエビを入れるのです。

タコス（メキシコ料理）

　タコスは、トウモロコシのトルティージャで作られます。普通は、特製ソースと一緒に肉、トマト、タマネギ、レタス、チーズが入っています。名古屋市とメキシコシティーが姉妹都市であることから、名古屋市の学校給食には年に1回タコス料理がだされています。

ジャガイモ（アンデス原産の食物）

　ジャガイモは元来、南アメリカのアンデス地方に由来するもの（原産）だと知っていましたか。今日では世界中に広まっており、多種多様な料理に使われています。ジャガイモにも非常に多くの種類があります。黄、黒、白、ピンク、小さいもの、丸いもの、楕円形などです。それらを食して違いを味わってみたいですか？

「接続法の存在理由」(P.87)

　接続法は多くの近代語において消滅して行くと言われています。一方、スペイン語においては、書き言葉においても話し言葉においても、よく用いられています。このことは、（スペイン語が）非常に保守的で旧弊な言語であることを意味しているのではありません。そうではなくて、接続法を維持することによって、スペイン語は森羅万象を生き生きと表現できているのです。

動詞の活用一覧表

規則変化動詞

アクセントが語幹と語尾を移動する変化：直説法現在・接続法現在

tomar	直説法現在 語幹　語尾	接続法現在 語幹　語尾	命令形 語幹　語尾
yo	tomo	tome	—
tú	tomas	tomes	toma
él, ella, usted	toma	tome	tome
nosotros / nosotras	tomamos	tomemos	tomemos
vosotros / vosotras	tomáis	toméis	tomad
ellos, ellas, ustedes	toman	tomen	tomen

アクセントが語尾にある変化

tomar	点過去 語幹　語尾	線過去 語幹　語尾	接続法過去 語幹　語尾
yo	tomé	tomaba	tomara
tú	tomaste	tomabas	tomaras
él, ella, usted	tomó	tomaba	tomara
nosotros / nosotras	tomamos	tomábamos	tomáramos
vosotros / vosotras	tomasteis	tomabais	tomarais
ellos, ellas, ustedes	tomaron	tomaban	tomaran

tomar	未来 語幹　語尾	過去未来 語幹　語尾	過去分詞 語幹　語尾	現在分詞 語幹　語尾
yo	tomaré	tomaría	tomado	tomando
tú	tomarás	tomarías	tomados	
él, ella, usted	tomará	tomaría	tomada	
nosotros / nosotras	tomaremos	tomaríamos	tomadas	
vosotros / vosotras	tomaréis	tomaríais		
ellos, ellas, ustedes	tomarán	tomarían		

comer	直説法現在 語幹　語尾	接続法現在 語幹　語尾	命令形 語幹　語尾
yo	como	coma	—
tú	comes	comas	come
él, ella, usted	come	coma	coma
nosotros / nosotras	comemos	comamos	comamos
vosotros / vosotras	coméis	comáis	comed
ellos, ellas, ustedes	comen	coman	coman

comer	点過去 語幹　語尾	線過去 語幹　語尾	接続法過去 語幹　語尾
yo	comí	comía	comiera
tú	comiste	comías	comieras
él, ella, usted	comió	comía	comiera
nosotros / nosotras	comimos	comíamos	comiéramos
vosotros / vosotras	comisteis	comíais	comierais
ellos, ellas, ustedes	comieron	comían	comieran

comer	未来 語幹　語尾	過去未来 語幹　語尾	過去分詞 語幹　語尾	現在分詞 語幹　語尾
yo	comeré	comería	comido	comiendo
tú	comerás	comerías	comida	
él, ella, usted	comerá	comería	comidos	
nosotros / nosotras	comeremos	comeríamos	comidas	
vosotros / vosotras	comeréis	comeríais		
ellos, ellas, ustedes	comerán	comerían		

vivir	直説法現在 語幹　語尾	接続法現在 語幹　語尾	命令形 語幹　語尾
yo	vivo	viva	—
tú	vives	vivas	vive
él, ella, usted	vive	viva	viva
nosotros / nosotras	vivimos	vivamos	vivamos
vosotros / vosotras	vivís	viváis	vivid
ellos, ellas, ustedes	viven	vivan	vivan

vivir	点過去 語幹　語尾	線過去 語幹　語尾	接続法過去 語幹　語尾
yo	viví	vivía	viviera
tú	viviste	vivías	vivieras
él, ella, usted	vivió	vivía	viviera
nosotros / nosotras	vivimos	vivíamos	viviéramos
vosotros / vosotras	vivisteis	vivíais	vivierais
ellos, ellas, ustedes	vivieron	vivían	vivieran

vivir	未来 語幹　語尾	過去未来 語幹　語尾	過去分詞 語幹　語尾	現在分詞 語幹　語尾
yo	viviré	viviría	vivido	viviendo
tú	vivirás	vivirías	vivida	
él, ella, usted	vivirá	viviría	vividos	
nosotros / nosotras	viviremos	viviríamos	vividas	
vosotros / vosotras	viviréis	viviríais		
ellos, ellas, ustedes	vivirán	vivirían		

不規則変化動詞

〈A〉〈B〉

	ser	estar	ir	dar	ver

直説法現在

	ser	estar	ir	dar	ver
yo	soy	estoy	voy	doy	veo
tú	eres	estás	vas	das	ves
él, ella, usted	es	está	va	da	ve
nosotros / nosotras	somos	estamos	vamos	damos	vemos
vosotros / vosotras	sois	estáis	vais	dais	veis
ellos, ellas, ustedes	son	están	van	dan	ven

接続法現在

	ser	estar	ir	dar	ver
yo	sea	esté	vaya	dé	vea
tú	seas	estés	vayas	des	veas
él, ella, usted	sea	esté	vaya	dé	vea
nosotros / nosotras	seamos	estemos	vayamos	demos	veamos
vosotros / vosotras	seáis	estéis	vayáis	deis	veáis
ellos, ellas, ustedes	sean	estén	vayan	den	vean

命令形

	ser	estar	ir	dar	ver
tú	**sé**	está	**ve**	da	**ve**
usted	sea	esté	vaya	dé	vea
nosotros / nosotras	seamos	estemos	**vamos**	demos	veamos
vosotros / vosotras	**sed**	estad	**id**	dad	ved
ustedes	sean	estén	vayan	den	vean

点過去

	ser	estar	ir	dar	ver
yo	fui	estuve	ser と同形	di	vi
tú	fuiste	estuviste	↓	diste	viste
él, ella, usted	fue	estuvo	↓	dio	vio
nosotros / nosotras	fuimos	estuvimos	↓	dimos	vimos
vosotros / vosotras	fuisteis	estuvisteis	↓	disteis	visteis
ellos, ellas, ustedes	fueron	estuvieron	↓	dieron	vieron

線過去

	ser	estar	ir	dar	ver
yo	era	estaba	iba	daba	veía
tú	eras	以下規則変化	ibas	以下規則変化	veías
él, ella, usted	era	↓	iba	↓	veía
nosotros / nosotras	éramos	↓	íbamos	↓	veíamos
vosotros / vosotras	erais	↓	ibais	↓	veíais
ellos, ellas, ustedes	eran	↓	iban	↓	veían

接続法過去

	ser	estar	ir	dar	ver
yo	fuera	estuviera	ser と同形	diera	viera
tú	fueras	estuvieras	↓	dieras	vieras
él, ella, usted	fuera	estuviera	↓	diera	viera
nosotros / nosotras	fuéramos	estuviéramos	↓	diéramos	viéramos
vosotros / vosotras	fuerais	estuvierais	↓	dierais	vierais
ellos, ellas, ustedes	fueran	estuvieran	↓	dieran	vieran

現在分詞	規則形	規則形	yendo	規則形	規則形

過去分詞	規則形	規則形	規則形	規則形	visto

現在形において1人称単数のみが不規則な変化をする動詞

直説法現在

	hacer	poner	traer	salir	saber	conocer	traducir
yo	**hago**	**pongo**	**traigo**	**salgo**	**sé**	**conozco**	**traduzco**
tú	haces	pones	traes	sales	sabes	conoces	traduces
él, ella, usted	haces	pone	trae	sale	sabe	conoce	traduce
nosotros / nosotras	hacemos	ponemos	traemos	salimos	sabemos	conocemos	traducimos
vosotros / vosotras	hacéis	ponéis	traéis	salís	sabéis	conocéis	traducís
ellos, ellas, ustedes	hacen	ponen	traen	salen	saben	conocen	traducen

接続法現在

	hacer	poner	traer	salir	saber	conocer	traducir
yo	**haga**	**ponga**	**traiga**	**salga**	**sepa**	**conozca**	**traduzca**
tú	hagas	pongas	traigas	salgas	sepas	conozcas	traduzcas
él, ella, usted	haga	ponga	traiga	salga	sepa	conozca	traduzca
nosotros / nosotras	hagamos	pongamos	traigamos	salgamos	sepamos	conozcamos	traduzcamos
vosotros / vosotras	hagáis	pongáis	traigáis	salgáis	sepáis	conozcáis	traduzcáis
ellos, ellas, ustedes	hagan	pongan	traigan	salgan	sepan	conozcan	traduzcan

命令形

	hacer	poner	traer	salir	saber	conocer	traducir
tú	**haz**	**pon**	trae	**sal**	sabe	conoce	traduce
usted	haga	ponga	traiga	salga	sepa	conozca	traduzca
nosotros / nosotras	hagamos	pongamos	traigamos	salgamos	sepamos	conozcamos	traduzcamos
vosotros / vosotras	haced	poned	traed	salid	sabed	conoced	traducid
ustedes	hagan	pongan	traigan	salgan	sepan	conozcan	traduzcan

点過去

	hacer	poner	traer	salir	saber	conocer	traducir
yo	**hice**	**puse**	**traje**	salí	**supe**	conocí	**traduje**
tú	hiciste	pusiste	trajiste	規則変化	supiste	規則変化	tradujiste
él, ella, usted	**hizo**	puso	trajo	↓	supo	↓	tradujo
nosotros / nosotras	hicimos	pusimos	trajimos	↓	supimos	↓	tradujimos
vosotros / vosotras	hicisteis	pusisteis	trajisteis	↓	supisteis	↓	tradujisteis
ellos, ellas, ustedes	hicieron	pusieron	trajeron	↓	supieron	↓	tradujeron

未来

	hacer	poner	traer	salir	saber	conocer	traducir
yo	**haré**	**pondré**	traeré	**saldré**	**sabré**	conoceré	traduciré
tú	harás	pondrás	規則変化	saldrás	sabrás	規則変化	規則変化
él, ella, usted	hará	pondrá	↓	saldrá	sabrá	↓	↓
nosotros / nosotras	haremos	pondremos	↓	saldremos	sabremos	↓	↓
vosotros / vosotras	haréis	pondréis	↓	saldréis	sabréis	↓	↓
ellos, ellas, ustedes	harán	pondrán	↓	saldrán	sabrán	↓	↓

| 過去分詞 | hecho | puesto | traído | 規則変化 | 規則変化 | 規則変化 | 規則変化 |

不規則変化動詞

語幹母音変化〈C〉(é) → **ie** ; (ó) → **ue**

	pensar		querer		sentir		poder		dormir	
直説法現在	語幹	語尾	語幹	語尾	語幹	語尾	語幹	語尾	語幹	語尾
yo	**pien**so		**quie**ro		**sien**to		**pue**do		**duer**mo	
tú	piensas		quieres		sientes		puedes		duermes	
él, ella, usted	piensa		quiere		siente		puede		duerme	
nosotros / nosotras	pensamos		queremos		sentimos		podemos		dormimos	
vosotros / vosotras	pensáis		queréis		sentís		podéis		dormís	
ellos, ellas, ustedes	piensan		quieren		sienten		pueden		duermen	

	語幹	語尾	語幹	語尾	語幹	語尾	語幹	語尾	語幹	語尾
接続法現在										
yo	piense		quiera		sienta		pueda		duerma	
tú	pienses		quieras		sientas		puedas		duermas	
él, ella, usted	piense		quiera		sienta		pueda		duerma	
nosotros / nosotras	pensemos		queramos		**sint**amos		podamos		**dur**mamos	
vosotros / vosotras	penséis		queráis		**sint**áis		podáis		**dur**máis	
ellos, ellas, ustedes	piensen		quieran		sientan		puedan		duerman	

	語幹	語尾	語幹	語尾	語幹	語尾	語幹	語尾	語幹	語尾
点過去										
yo	pensé		**quis**e		sentí		**pud**e		dormí	
tú	規則変化		quisiste		sentiste		pudiste		dormiste	
él, ella, usted	↓		quiso		sintió		pudo		durmió	
nosotros / nosotras	↓		quisimos		sentimos		pudimos		dormimos	
vosotros / vosotras	↓		quisisteis		sentisteis		pudisteis		dormisteis	
ellos, ellas, ustedes	↓		quisieron		sintieron		pudieron		durmieron	

（不規則な未来形　　　　　　　**querré**　　　　　　　**podré**　　　　　　　　　　）

現在分詞	規則変化	規則変化	sintiendo	pudiendo	durmiendo

語幹母音変化 〈C〉 (é) → **i** ; (ú) → **ue**

	seguir	pedir	jugar

直説法現在	語幹　語尾	語幹　語尾	語幹　語尾
yo	**si**go	**pi**do	**jue**go
tú	sigues	pides	juegas
él, ella, usted	sigue	pide	juega
nosotros / nosotras	seguimos	pedimos	jugamos
vosotros / vosotras	seguís	pedís	jugáis
ellos, ellas, ustedes	siguen	piden	juegan

接続法現在	語幹　語尾	語幹　語尾	語幹　語尾
yo	**si**ga	**pi**da	**jue**gue
tú	sigas	pidas	juegues
él, ella, usted	siga	pida	juegue
nosotros / nosotras	sigamos	pidamos	juguemos
vosotros / vosotras	sigáis	pidáis	juguéis
ellos, ellas, ustedes	sigan	pidan	jueguen

点過去	語幹　語尾	語幹　語尾	語幹　語尾
yo	seguí	pedí	jugué
tú	seguiste	pediste	jugaste
él, ella, usted	si**g**uió	p**i**dió	jugó
nosotros / nosotras	seguimos	pedimos	jugamos
vosotros / vosotras	seguisteis	pedisteis	jugasteis
ellos, ellas, ustedes	si**g**uieron	p**i**dieron	jugaron

現在分詞	siguiendo	pidiendo	規則変化

103

不規則変化動詞〈D〉，その他

	tener	venir	decir	elegir	construir	oír

直説法現在

	語幹 語尾	語幹 語尾	語幹 語尾	語幹 語尾	語幹 語尾	語幹 語尾
yo	**tengo**	**vengo**	**digo**	**elijo**	**construyo**	**oigo**
tú	tienes	vienes	dices	eliges	construyes	oyes
él, ella, usted	tiene	viene	dice	elige	construye	oye
nosotros / nosotras	tenemos	venimos	decimos	elegimos	construimos	oímos
vosotros / vosotras	tenéis	venís	decís	elegís	construís	oís
ellos, ellas, ustedes	tienen	vienen	dicen	eligen	construyen	oyen

接続法現在

	語幹 語尾	語幹 語尾	語幹 語尾	語幹 語尾	語幹 語尾	語幹 語尾
yo	**tenga**	**venga**	**diga**	**elija**	**construya**	**oiga**
tú	tengas	vengas	digas	elijas	construyas	oigas
él, ella, usted	tenga	venga	diga	elija	construya	oiga
nosotros / nosotras	tengamos	vengamos	digamos	elijamos	construyamos	oigamos
vosotros / vosotras	tengáis	vengáis	digáis	elijáis	construyáis	oigáis
ellos, ellas, ustedes	tengan	vengan	digan	elijan	construyan	oigan

点過去

	語幹 語尾	語幹 語尾	語幹 語尾	語幹 語尾	語幹 語尾	語幹 語尾
yo	tuve	vine	dije	elegí	construí	oí
tú	tuviste	viniste	dijiste	elegiste	construiste	oíste
él, ella, usted	tuvo	vino	dijo	el**i**gió	construyó	oyó
nosotros / nosotras	tuvimos	vinimos	dijimos	elegimos	construimos	oímos
vosotros / vosotras	tuvisteis	vinisteis	dijisteis	elegisteis	construisteis	oísteis
ellos, ellas, ustedes	tuvieron	vinieron	dij**eron**	el**i**gieron	construyeron	oyeron

現在分詞	規則変化	viniendo	diciendo	eligiendo	construyendo	oyendo

過去分詞	規則変化	規則変化	dicho	規則変化	規則変化	oído

104

完了時制（複合時制）

変化形（現在・線過去・未来・過去未来完了）＋ 過去分詞（不変化）

haber tomado	直説法現在完了		直説法過去完了	
yo	he	tomado	había	tomado
tú	has	tomado	habías	tomado
él, ella, usted	ha	tomado	había	tomado
nosotros / nosotras	hemos	tomado	habíamos	tomado
vosotros / vosotras	habéis	tomado	habíais	tomado
ellos, ellas, ustedes	han	tomado	habían	tomado

haber tomado	直説法未来完了		直説法過去未来完了	
yo	habré	tomado	habría	tomado
tú	habrás	tomado	habrías	tomado
él, ella, usted	habrá	tomado	habría	tomado
nosotros / nosotras	habremos	tomado	habríamos	tomado
vosotros / vosotras	habréis	tomado	habríais	tomado
ellos, ellas, ustedes	habrán	tomado	habrían	tomado

haber tomado	接続法現在完了		接続法過去完了	
yo	haya	tomado	hubiera	tomado
tú	hayas	tomado	hubieras	tomado
él, ella, usted	haya	tomado	hubiera	tomado
nosotros / nosotras	hayamos	tomado	hubiéramos	tomado
vosotros / vosotras	hayáis	tomado	hubierais	tomado
ellos, ellas, ustedes	hayan	tomado	hubieran	tomado

現在分詞形：habiendo tomado

再帰動詞：

動詞原形 ＋ 再帰代名詞

	levantarse		haberse levantado		
	直説法現在		**直説法現在完了**		
yo	me	levanto	me	he	levantado
tú	te	levantas	te	has	levantado
él, ella, usted	se	levanta	se	ha	levantado
nosotros / nosotras	nos	levantamos	nos	hemos	levantado
vosotros / vosotras	os	levantáis	os	habéis	levantado
ellos, ellas, ustedes	se	levantan	se	han	levantado

現在分詞形	levantándose	habiéndose levantado

命令形	肯定命令	否定命令		
tú	levántate	no	te	levantes
él, ella, usted	levántese	no	se	levante
nosotros / nosotras	levantémonos	no	nos	levantemos
	(vamos a levantarnos)	(no vamos a levantarnos)		
vosotros / vosotras	levantaos	no	os	levantéis
ellos, ellas, ustedes	levántense	no	se	levanten

表紙写真解説

セゴビアのローマ水道橋（Acueducto de Segovia, España）

スペインは，紀元前200年ごろから5世紀に西ゴート帝国に支配されるまで，ローマ帝国の支配下にあった。首都マドリッドから1時間程度のところにあるセゴビアには，ローマ人たちが紀元前1世紀ごろに築いた立派な水道橋が残っている。このローマ人が用いた言語がラテン語であり，特に話していた言葉は俗ラテン語と呼ばれる。この俗ラテン語の方言として，スペイン語，ポルトガル語，フランス語，ルーマニア語などが成立していった。

トレド（Toledo, España）

スペイン一美しい町と言われるトレドは，首都マドリッドから超特急列車AVEで30分ほどのところに位置する，中世の面影を色濃く残す町。5世紀ごろに西ゴート帝国に支配されたときには西ゴート帝国の首都だった。また，10世紀・11世紀ごろに大勢のユダヤ人たちがスペインに移住してきた。その後イスラム勢力に支配され，カトリック教徒が国土回復したことにより，トレドにはユダヤ教，イスラム教，キリスト教の3つの文化が美しい調和をなして残っている。

コルドバのメスキータ（Mesquita-Catedral de Córdoba, España）

スペインは，8世紀〜13世紀ごろまで南から来たイスラム勢力に支配された歴史があり，イスラムの影響を色濃く残す建造物や文化が残っている（スペイン語の中にもアラビア語起源の語がたくさんある）。その中でも特にこのコルドバにあるメスキータは美しく壮大な建築物として知られる。メスキータとはモスクの意味で，この建物はもともとイスラム教徒がモスクとして8世紀から使用していたものだった。13世紀にレコンキスタでキリスト教が国土を回復したときに，あまりに美しいこの建物を壊すことはできず，ここにキリスト教の祭壇を作り足して，キリスト教の教会とした。数万人もの人を収容できる，巨大な建造物である。なお，イスラム建築としては，グラナダのアルハンブラ宮殿も大変美しく有名。

ラマンチャの風車（Molinos de viento de La Mancha, España）

スペインのラマンチャ地方は『ドン・キホーテ』の舞台となったところで，ドン・キホーテとサンチョ・パンサが歩いていそうな荒涼とした大地がひろがる。この地方の小さな村に，情緒あふれる風車の並んだ壮大な眺めがある。これらの風車は16世紀に穀物を挽くために建てられたものだが，今では観光用に残されている。ドン・キホーテが巨人と間違えて，槍を持って馬に乗り，風車に突進したという有名なエピソードがあるが，その風車ではないかと言われている。

ドン・キホーテ（El ingenioso hidalgo Don Quijote de la Mancha）

本来の表題は『奇想天外の郷士ドン・キホーテ・デ・ラ・マンチャ』。セ
ルバンテス（Miguel de Cervantes）作の小説。
前篇 1605 年，後編 1615 年刊行。『聖書』に次
いで，かくも有名でありかつ読まれていない
世界の古典中の古典である。スペイン的精神

の精華であると共に，西欧近代小説の祖とされる。現実主義者とされる従
者サンチョ・パンサとの対比で，非現実的理想主義者の代名詞のように語
られるが果たして実像は如何に。未読の諸君には，訳書でよいから後編を
特にお勧めする。イメージが一変するであろう。17 世紀のスペイン語であ
るが，『エクセレンテ』学習後，中辞典があれば原文講読も不可能ではない。

グエル公園（Parque Güell en Barcelona, España）

バルセロナには天才的建築家，アントニオ・ガウディの作品が数
多く点在している。もっとも有名なのはサグラダファミリア大聖堂だ
が，郊外にあるグエル公園も，大変美しく独創的なガウディの世界観
あふれる作品である。公園の入り口にはバルセロナのシンボルともな
っている大トカゲのモザイク像があり，広場を囲む波打つベンチにも
美しくカラフルなモザイクの装飾が施されている。随所にギリシャ神話が取り入れられており，広場下
にある柱や，「洗濯女の回廊」と呼ばれる回廊など，古代を彷彿とさせながらガウディの個性とエレガン
スが感じられる。公園入り口の向かいには，ヘンゼルとグレーテルのお菓子の家をモデルにした可愛い
家が建っている。

サンティアゴ巡礼路（El camino de Santiago, España）

サンティアゴ巡礼路とは，キリスト教徒がスペインの北西部にあるサン
ティアゴ・デ・コンポステーラという巡礼地を目指して歩く道（camino）の
ことである。キリスト教の三大巡礼地はエルサレムとローマ市内のバチカン
とこのサンティアゴであると言われる。巡礼路（camino）にはいくつものル
ートがあるが，もっとも多くの人が歩くのが「フランス人の道」と呼ばれる，
フランス北西部の村からピレネー山脈を越えてスペインに入り，西へ向けて横断する約 800 キロの道
だ。バスク地方からワインが有名なリオハ地方を抜けて行く道沿いには，中世の佇まいを残す美しい町
が数多く散らばっている。ローマの時代から歩かれていた痕跡を残すこの道には，宗教に関わらず世界
中から人々が集まり，点在する村や街の宿泊施設に泊まりながら，約 1 ヶ月半かけて遥かな道をひたす
ら歩く。サンティアゴの道は，瞑想し神と対話しながら自らと向き合うための特別な，スピリチュアル
な道なのだ。

メキシコ・ユカタン半島のチチェンイッツア（Chichén Itzá en la península de Yucatán, México）

　ユカタン半島の熱帯雨林の中に，巨大で非常に美しいピラミッドが残っている。チチェンイッツアと呼ばれるこの遺跡は，マヤ文明（紀元前3000年～16世紀ごろ）の最盛期（13世紀ごろ）に栄えた都市で，数万人の人が暮らしていたとされる。マヤの人たちは高度な数学，天文学の知識と建築技術を持ち，チチェンイッツアのメインピラミッドは，完全な正四角錐で傾斜がぴったり45度，階段の数は一番上の祭壇も合わせて365段あり，春分の日と秋分の日に階段が鳥の翼のような影を落とす。これはマヤの最高神である羽の生えた蛇の神，ククルカンの降臨と言われている。このメインピラミッドの向かい側にも大きな祭壇があり，その上にはチャックモールというお腹に皿を乗せて横臥した像がある。マヤの人々はここで毎日，生きた人間の心臓をくりぬいてチャックモールの皿の上に乗せ，太陽の神に捧げる儀式を行っていた。16世紀にスペイン人たちがメキシコを征服し，メキシコ中部にあったアステカ帝国の遺跡の多くは破壊されたが，ユカタン半島のジャングルには多くの巨大遺跡が今なお点在している。

パタゴニアのペリト・モレノ氷河（Glaciar Perito Moreno en la Patagonia, Argentina）

　南米アルゼンチンとチリにまたがる南米大陸南部の地方はパタゴニアと呼ばれる。ここには手つかずの美しい雄大な自然が残されている。特に，死ぬまでに一度は見たい絶景が，アルゼンチン南部にあるペリトモレノ氷河だ。氷河は何万年もの時をかけてゆっくりと流れており，その先端部はアルヘンティーノ湖に流れ込む。この氷河先端部の巨大な氷塊が，ゴーっという爆音を轟かせて崩れ落ちるスペクタクルは圧巻の一言。さらに氷の上をトレッキングすると，ところどころ氷が溶けて穴が空いたブルーホールが見られる。ペリトモレノ氷河の氷は不純物が少ないため非常に透明度が高く，晴れた日には信じられないほど透き通って吸い込まれそうな青色に見える。

マチュピチュ遺跡（Machu Picchu, Perú）

　南米ペルーの山岳地帯に，15世紀のインカ帝国の遺跡，マチュピチュがある。切り立った断崖に積み上げられた石の階段を上っていくと，本当に空中に浮かんだ都市のように神秘的な石の建造物が現れる。マチュピチュの建造物は，漆喰を用いずに正確に計算された石が隙間なく積み上げられ，地震の多いペルーでも崩れないように地下深くまで土台があり，高度な土木工学に基づいて見事に設計されている。ここは，太陽の神を深く崇めていたインカの人々が，太陽により近い場所で太陽や月を観測し，かつ宗教的な儀式を行うために使われたと考えらえている。マヤ文明と同じように，ここでも太陽神に対して生贄が捧げられていた。

ボカジュニオールズのホームスタジアム
『ラ・ボンボネーラ』（ブエノスアイレス）

初級スペイン語
エクセレンテ!!! 三訂版

| 検印省略 | © 2015年1月30日　　　初版発行
2021年1月30日　　　三訂初版発行 |

著　者　　　　　　志　波　彩　子
　　　　　　　　　西　村　秀　人
　　　　　　　　　水　戸　博　之
　　　　　　　　　渡　辺　有　美
　　　　　　　　　　（あいうえお順）

発行者　　　　　　　　　　原　雅　久
発行所　　　　　　　株式会社　朝日出版社
　　　　101-0065　東京都千代田区西神田3-3-5
　　　　　　　　　　電話　03-3239-0271/72
　　　　　　　　　振替口座　00140-2-46008
　　　　　　　　http://www.asahipress.com/
　　　組版　クロス・コンサルティング／印刷　信毎書籍印刷